真正的整理，不是丟東西

物品是靈魂的碎片
整理是重生的過程

廖文君 著

目錄 Contents

目錄 Contents

目錄 Contents

目錄 Contents

〈作者序〉

我們都已準備好重新去思考人生

當你翻開這本書時，表示我們開啓了一個特殊的緣分，就如同這本書的起源，是來自於意外的旅程。關於整理這件事，我只是跟著人生的流動往前，而宇宙提出了寫作的邀約，所以我做出了挑戰與突破，讓這樣的經驗為我開啓了新的一扇門。

就像我一直以來專注在與物品的交流上一樣，在寫作的過程中發現文字也是有它自己的靈魂與個性。每一個文字裡涵納著溝通的聲音，而抑揚頓挫的形體展現了萬物的縮影，身在其中的我成為了那個說故事的人。只是想著、看著，然後把它寫下，而這個故事裡說到了你，也說到了我。整理跟生活有關，也跟這片土地有關。

所以，為什麼要寫這本書？也許就像你為什麼會看這本書一樣，有些訊息可能是來自於靈魂的指引，也許……我們都已經準備好要重新去思考人生。

生命中遇見的每個物品都是靈魂的碎片——物品是「當下」去用，而不是「累積」來用，因爲心的感受存在於當下。就像閱讀文字一樣，這個過程是讓身心走向愉悅的一部分，也是一種內在情感與靈魂本質交流的時刻。如果你願意，請把這本書從開始看到結尾，讓這個故事可以展現它的面貌，並被完整的訴說。

就像音樂一樣，文字帶著不同的旋律交織成美麗的畫面，而重要的是我們能夠在這個旅程中看見自己。

讓自己回歸到眞實的自己，並走進理想的人生，是人生整理課這個系列的主軸；而當你能夠走上這條道路，就會發現對自己而言重要的祕密。

我只是在這邊說著，而你想要的——會從你的心裡開始發芽。

關於這本書，有千言萬語的感謝。

感謝我的父母與家族的血脈，他們給了我血肉之軀去體驗人生。

感謝啓發我的人與我所有的老師，他們給了我許多智慧去學習。

感謝所有參與過整理課的朋友，在你們身上，我看見了美麗的故事。

感謝參與這本書出版的相關人士，因爲有你們，才能讓這個訊息更多的被看見。

感謝一路支持我的人，讓我得到了很多的愛。

感謝曾經傷害我的人，讓我可以重新審視自己。

在人生當中，沒有一個人事物是不需要感謝的。而最重要的是，我想要感謝自己願意讓自己走到這個當下，創造出不同的經驗。

而正在看這些文字的你，謝謝你願意用你的時間來閱讀。

〈前言〉

物品是靈魂的碎片

你好，我是文君。

謝謝你翻開這本書。在我們開始之前，有幾件注意事項我想先說明。請容許我稍後再自我介紹，而且我的重要性不會大過於你。

是的，就是在閱讀本書的你。

這是一本不同於單向性閱讀的書籍，整個過程會像陪在你身邊一起進行整理一樣，藉由感受性的合作方式來闡述一個美麗的故事。因爲這個故事屬於你，也屬於我，所以，我想邀請你與我一起準備好自己的心。

在閱讀本書的時候，若是你感受到任何的沉重或不舒適，不管是來自於當下的環境，或是生活中累積的痠痛，我都建議你可以暫停一下，閉上眼、深呼吸，然後吐氣，讓那些壓力及身體的緊繃離開這個當下。

這本書，是來陪伴你的。

讓你可以在生活的片刻裡感覺到放鬆及支持，並藉由文字的媒介走進不同世界的輝煌旅程。你是這本書最重要的主角，而這本書的閱讀方式與節奏，就是跟隨你的心……你可以選擇用自己舒服的步調來進行，也可以隨時停止閱讀。在每個重要時刻，都記得好好的向內問問自己。

讓我們想一想，爲什麼這個世界突然開始流行「整理」這件事？

西元二〇一二年之後，世界末日不再流行，反而流行起不斷丟東西的風潮，各類整理、收納、丟東西的書籍如雨後春筍般不斷湧出，並搭上心理學所說的「放手，人生就會過得更好」等言論。於是乎，只要丟丟丟，人生就好像會變得更好，而東西越少，人就會越幸福？我好奇，眞的是這樣嗎？眞的，只是這樣子嗎？

在許多疑問中，我思考的是，如果只是這樣，那什麼都擁有不了的人，譬如說那些物質貧乏國家的人們，不是應該更幸福？如果只是這樣，那一開始就不要擁有，不是更加幸福？

整理的真相與本質

讓我們誠實的問問自己：

- 物品眞的可以跟幸福畫上等號嗎？
- 環境眞的可以跟幸福相提並論嗎？
- 我們的外在眞的可以滿足內在的需求嗎？
- 也許在某種程度上可以，但僅只是這樣嗎？

就讓我們安靜的回到自己身上，然後問問自己的心——眞的是這樣而已嗎？還是有什麼藏在背後？然後，我的內心浮現一句話：

「說穿了，物品只是一個藉口，不是嗎？」

那些沒有說出口的話，還有那些被隱藏的情緒，才是我們需要看清楚的。需要被抽絲剝繭的，是隱藏在物品之內的故事。物品只是一個媒介，是表象、是工具，並不是全部。

眞正的主角並不是物品，是你、是使用者、是人類，就讓我們拿掉模糊的濾鏡，好好的看清楚。有時候，人們擁有的物品就像是麵包屑一樣，散落在生命的路上，每一點、每一滴都帶著我們通過小徑，需要仔細的跟著走下去，才會帶你看到眞實的故事與人生畫面的全貌。這個過程需要時間、耐心及很多的愛，若是要理解眞相，還需要更多的勇氣。就讓我們一起回到生命的本質、回到物品的本質上。深吸一口氣，然後放鬆，一起來好好思考以下幾個問題。

- **什麼叫做「整理」？**
- **如何定義「整齊」？**

引申日本企業環境塑造方案裡的**5S管理法***，藉由**整理**（SEIRI）、**整頓**

（SEITON）、**清掃**（SEISO）、**清潔**（SEIKETSU）、**教養**（SHITSUKE）五種行爲來創造愉快的環境，以提高效率、品質及滿意度。這是針對企業、工廠、公司環境的管理，而其中一個目的，就是提高環境舒適度。

當中，「整理」被定義爲：區分需要及不需要的東西，對需要的進行管理、不需要的進行處理。人類的生活模式跟這五種行爲息息相關，所以整理不會是單獨的一件事，所有的行爲環環相扣。

在本書的實際操作章節內，我們會一起整理。當你開始動手之後，就會更清楚什麼是眞正的整理。**我們必須明白一件事：動手做永遠比只是看或聽來得重要許多。**

＊整理（SEIRI）、整頓（SEITON）、清掃（SEISO）、清潔（SEIKETSU）、教養（SHITSUKE）為日文羅馬拼音，取最前面的發音 S 稱為 5S。

接下來，如何去定義「整齊」？我相信這會有很多種說法，讓我們用比較可以具體描述的方式來說明。一般來說，整齊是擁有條理及組織性，並延伸出一定的順序、一致化及穩定性，也會有一些組織上的變化及意識上的協調。簡單來說，整齊是一種「感受」，跟上面所形容的「秩序」有關，但不一定跟數量有關。而感受表示每一個人都會有不同的方式，所以，**整齊是一種符合自己所認爲的「秩序」而得到的「感受性體驗」**。

讓我們想像百貨公司的超市，有著分門別類的順序及同品牌物品放同一區的一致性，平穩的擺放方式會讓人感覺到整齊而舒適。若這時剛好有工作人員推著未上架的物品準備補貨，並隨意堆放著沒有秩序的商品，就會讓人感受到混亂。

從無秩序到有秩序的過程，就是一般人認知的整理。

而適當的配置讓環境產生秩序感時，就可以統稱爲整齊；反之，隨意的混亂就可能讓人感受到不舒適，若是又有灰塵或髒汙，就可能被稱爲髒亂。

接下來，我要問你一個本質上最重要的問題：

誰去做評分的那個人？

讓我們在這邊停一下。當你聽到這個問題的第一瞬間，想到的是誰？是「你自己」，對吧？如果答案出現的不是你自己，可能表示有些謎團需要釐清，這點在後面會再詳細談到。爲什麼答案會是「你自己」，而不是別的？因爲，只有你自己才知道什麼是需要、什麼對你來說是不需要。每個人都會有自己的秩序感，就像是自己的喜好一樣——你可以有喜歡的顏色、興趣及食物，也可以有自己的審美觀及自己認爲的整齊。

事實上，每一個人都不同，每一個人都是獨一無二的。

這就是爲什麼當家人亂丟你的物品時，你會生氣；這也是爲什麼當別人說你的房間很亂、需要整理的時候，你會不開心。因爲，**整齊的感受是從「人」所在的位置去決定的**，沒有任何人有權力去干涉另外一個人的人生。最重要的是你自己，你怎麼想、你怎麼感覺。

有時候，我們需要的只是喘口氣，關上他人對自己的指指點點。

回到安靜的內在。如何回到眞實的你自己，是「人生整理課」最重要的主軸。看到你的本質並讓力量回到自己之內，只有你才是最重要的故事。這本書不談收納，而事實上「不整理也沒關係」，故事的主角永遠是你，不是物品，也不是環境如何。眞正需要的是去思考與觀察，用眼睛看，並用心去感受。

如果沒看到物品背後隱藏的故事，那麼丟東西就只是把過錯推到物品上的「逃避」行爲而已。

你要知道，**每個人的生活形態已經是他當下最佳的生存本能**，我們需要做的不是一直丟東西，而是好好的問自己，這眞的是自己想要的嗎？到目前爲止，這不是一本你看完就會瘋狂陷入丟東西的書，而是回歸到書的本質。身爲一本書的功用在於傳遞訊息及協助閱讀者，讓這樣的資訊變成你的養分，並用文字支持你來分享美好。

讓自己回到自己，讓物品回到它的本質。看到物品對人類的愛，看到自己的豐盛，然後撥雲見「物」，藉由整理看到更美好的自己。

眞正的整理，不是丟東西。

而是藉由物品看到人生，讓你回到你自己眞實的樣子。

讓你成爲你自己。

物品藏著宇宙的祕密

「來到你面前的，都是來渡化你的」，可能是一個人、一件事，甚至是一本書。這是我這麼多年來跟「整理」打交道最大的心得。物品從來不只是構成它本身的材質、形體及顏色而已，它們承載了這個宇宙的祕密，幻化成動人的故事，然後藏在一般的物品當中。我們需要一層一層的剝開幻象，每看到多一點，就更認識自己一點。我常常覺得，一個人擁有的物品就是那個人的靈魂碎片，當一片一片被拼湊出來時，就像是在看一場電影，關於這個人的生命旅程。

物品從來不只是物品而已，它們記錄（Recording）著許多的回憶、情感與說不出口的話。**在我眼裡，每一個物品都擁有生命，它們如實的「記錄與播放」曾經發生，以及正在發生的故事**。

接下來，容許我用一些篇幅介紹自己。如同我之前提到的，這本書是互動且需要我們一起合作的故事，基於這個原因，我想做個簡單的自我介紹。

在一般填寫職業欄的空格，我可能會寫上：行銷或自由業。若在一般工作場合的說明，我會說：國際市場策略顧問。但我從來不喜歡被定義成目前任何已知的代名詞，以上的職稱只是符合制式的標準，對我來說是方便及精簡的回答；而實際上，這只是我的其中一個面向，就像一個物品可以有多種的使用方式，依據它的多元可以被定義成不同的分類。

讓我用一個杯子來舉例。若以使用目的區分，可以分成以下幾大類型：

1 **製造**目的：是提供飲用的器具，歸類成廚房用品。

2 **功能**目的：因爲製造時加入了特殊的材料，讓物品有健康功效，歸類爲健康商品。因爲有功能性的原因，可能是透過贈送或收禮而放置在家中。

3 **價値**目的：若是高價値的品牌，比起使用，更適合觀看或收藏，可能就被歸類爲擺飾或增値品，而增値品可以想像成貴重物品或錢的替代品。

4 **回憶**目的：可能跟某個人、某件事有關，不考慮拿來使用，就變成紀念品；而物品的相關人士若死亡，就變成遺物。

5 **信仰**目的：使用於宗教、身心靈儀式，或是曾經被某位高僧等人使用過，成爲能量物品，需要特別收納及清潔。

6 **替代**目的：因爲手邊剛好沒有某樣物品，就拿別的物品來使用。杯子可能變成筆筒、小費箱，甚至是花盆，這樣用品就變成「替代目的」這一類了。

既然一個杯子可以「無限」的使用，那一個人的工作呢？我會把工作定義成一種「能量交換」，不管是腦力、勞力、心力，都是一種付出能量的方式，而交換回來的，可能是金錢、物質、體驗。所以，一個人可能是顧問、講師、作家、義工、女兒，收到的可能是金錢、美食、按摩、流浪動物的抱抱及家人的愛。

不管我自己有多少工作的面向，我就「只是我自己」而已。在此，根據你的使用目的，我則是本書的作者；但更重要的是，我是跟你一起說故事的人。在整理的道路之上，人人平等；**眞正的整理，只有自己可以幫自己**。在整理的旅途當中，我更像是一個導遊，爲你介紹路上的風景及曾經發生過的故事，讓你知道，原來每天的覺察與物品的相逢，都是離神最近的地方。追本溯源，整理從來不只是物品的留下或送出而已，他是一個面對自己的功課，就像是日常生活中的修行；她也是一個看見自己的方法，就像日常點滴中的支持。

整理，從來不僅局限在物品，還有更多在於看不見的心念。

讓我們把時間往回推：當初爲什麼會出現這樣的「人生整理課」呢？對我來說，完全就像是愛麗絲不小心掉進了兔子洞，是個意外的旅程。我從來沒想過自己會出來演講，還因此開始寫書；我只是想幫助自己，想讓自己變得更好。我其實只是想「做自己喜歡的事情」而已。然而，長久以來，我也以爲我一直在做自己喜歡的事情。

大學畢業之後到日本留學，取得專門士資格之後，馬上就被挖角到日本的公司，那年我二十五歲。而我二十七歲的時候，已經是日商台灣分公司的社長，以社會普遍的價值觀來說，有優渥的薪水及令人稱羨的職位，出門有司機接送，吃的是高檔餐廳、住的是商務套房，在物質上是很舒適的生活。

但我內心總是覺得，這沒有想像中開心，不是一種踏實、眞實的開心。我一直不明白，我用努力得來的這一切，怎麼會產生這樣的違和感呢？一直到了二〇一〇年因緣際會踏上身心靈的道路，開始理解有更多的思考方式，回歸到自己內在之後，我才明白。

有時候，我們認爲的「努力」，其實是在「滿足別人的要求」。

一直以來的夢想及努力，是否是你自己想要的？

或者，只是接收了家人的期望或集體意識的標準？

我在二〇一一年開始接收到「整理可以改變人生」的概念，看著書上的作法，認眞的把過去的東西一一捨棄，當時完全體驗到環境跟一個人的狀態息息相關。而二〇一五年在朋友的邀請之下，把我學習到的「整理」分享出去，除了當時學到的整理知識外，也融合了我的經驗。在多次進入不同人的生活環境及不斷的整理之後，我開始思考一些事情：

- 我們丟掉的東西到底去了哪裡？
- 有些東西爲什麼永遠會「被丟掉」跟「再次被購買」？
- 物品的多寡與整齊眞的會影響我們嗎？
- 整理的「技巧」眞的適合每個人嗎？
- 爲什麼有些人東西已經很少了，看起來已經很整齊了，但似乎還是有什麼困擾著他？爲什麼環境還是感覺不太舒服？*

許許多多的疑問及爲什麼，在我的內心發酵。在這樣的過程中，我做了許多的調整、學習與沉思，然後我發現了「整理之路」——一個超越我的意識所能理解的世界，並融合生活過程及洞察眞相的「人生整理」。

案例分享

某次執行居家整理協助業務時，我們正在挑選要留下來的東西，我讓住家主人根據自己的需求喜好來分類。他一邊挑選，一邊說：

「這個留下！」「這個丟掉！」

我在旁邊提醒他，記得要好好感謝物品，**不是丟掉，而是送它們去旅行**。當時，從我的角度看到了傷心的畫面，是物品的悲鳴，內心浮出一句話：

＊後面的章節會提及這些疑問，並說明相關資訊及論述。

「你的『丟』就像是屠宰場，而環境記錄著一切，物品記錄了一切。」

沒有帶著覺察的心，隨意丟掉曾經的自己，丟掉那些曾經支持過自己的東西，這樣的頻率被那個空間記錄下來，散發著自私與無情。這就是為什麼有些空間很整齊乾淨，但總是那麼冰冷，沒有溫度。

整理不只是方法，也不只是心理層面，更多的是對宇宙萬物的理解，永續共生的思維。身爲一個活在地球生態環境的人，帶著靈性覺察的眼，用符合生命流動的心，活出幸福。這樣的整理已經不是什麼對物品心動的選擇，也不是東西少的極簡，更不是整齊而已，而是眞實的把自己與萬物合一，成爲一個觀察、覺察的整理心智，能夠知曉自身，並進入內在寧靜的道路。這就是被稱爲「人生整理課」的原因。

對我來說，名稱是什麼並不重要，那只是一個在娑婆世界的代名詞。重要的是回歸內心，撥開人生的迷霧，整理自己的心，並把力量拉回自己之內。

眞實的力量是不論外在環境如何，自己都能擁有平靜。

我們都可以在乾淨、整齊、少物的地方放鬆自己，而人生整理課是讓我們學習放掉身外之物，眞實的做自己，並讓力量在自己之內。有一天，就算是自己身處在垃圾場內，一樣可以打坐冥想，因爲，在**「自己的意願」之外沒有任何事情可以干擾自己**。

我在二〇一七年開始受邀演講，宇宙的流動讓這樣的訊息在短時間之內就展現能量，場場爆滿的情況讓我不得不把這些訊息用文字記錄下來。一路以來我都可以感受到物品支持的力量、所有參與者的愛，以及現在正在寫書的我與正在閱讀的你，我們都在整理之路的流動之中看見對方。當我受邀到學校、醫院、身心靈教室、生態活動教室等不同場合，更看見了整理的力量。這種「照見」自己的方式，冥冥之中就像是爲了不會說話的物品發聲，並看見不同的世界。

這本書是要分享從整理看見自己的思考方式，打破技巧的迷思。若是打掃與收納，有許多專門的整理師或居家收納顧問可以協助你；但人生的整理，只有你自己才能做出決定。把力量放在自己之內，這個整理之路是**外在的你**（**環境與擁有的物品**）**與內在的你**（**靈魂與心智**）對話的過程，是人生的工作。

當「工」遇上內外的自己（人），就變成「巫」，意指與神相遇的人們；而「作」就是由人使用乍（工具或物品）來創造。若是沒有內外相交流的人，工，僅指巧妙多用的器具，缺少了溝通，只剩下技巧，而技巧只是一個過程，不是解決的方法。

只有與內在神性相遇，才能眞實的活在「當下」的現實之中。

整理的工作就是，人與物品共同創造出「與內在神性」的對話。

讓物品支持你，讓你成爲你自己，這個整理之路是看到眞實自己的過程，而這本書的精采包含了你。

第一章

整理是重生的過程

歡迎來到屬於你的故事，它其實也是屬於所有人的故事。這個整理的旅程就像是前往新的環境，需要些許的事前準備。就像是一趟海外旅行，要知道自己去什麼國家，地理環境、文化背景如何，有什麼是推薦必須體驗的？所以，關於人生的整理，我們要從行前的準備與理解開始，就從事情的開端——「生命的源頭」開始說起吧！

在目前人類已知的資訊裡，這個物質世界來自於宇宙大爆炸（Big Bang），由一團不知道是什麼、無法歸類的物質變化中，產生出這個「看得見的世界」。在精密的科學儀器掃描之下，能知道除了人類肉眼可見的世界以外，還有很多「看不見的世界」。而「看得見」與「看不見」息息相關，宇宙的祕密就像是破碎的地圖一般，藏在其中，還有很多未知等著被發現。

英國詩人威廉．布萊克說：「一沙一世界，一花一天堂。」在一粒細微的沙子裡，可以窺見宇宙的浩瀚；從一朵平凡的花中，可以發現天堂的美妙。所有事情的發生沒有偶然，每件事情的背後都有可探索的知識，每一個生靈及每一個物品，都跟宇宙相連。

引申碎形（Fractal）理論*，又稱爲分形或殘形：描述自然界存在的事物裡，一個物體的部分與整體具有某種特定的關係，每一部分在不同尺度上，部分與整體有相似的行爲，並具有自我模仿性。

由此可知，當我們開始觀察四周就會發現，每個星系的散落、每塊土地的稜角、每滴水的流動，都有其緣由；每根頭髮的長短、每片皮膚的角質，背後都藏著DNA的密碼。所以，**一個人的生活範圍及對待物品的方式，都反映著這個人的「行爲模式」**。

當我們開始拆解外在環境與物品，就會觸碰到內在的靈魂與心智。每個人都跟生命的源頭互相連結，**整理不只是與自己的內在對話，更是回到宇宙的本源**，我們要帶著尊重與感謝，看見神性的一切。

---

*「碎形」是數學理論，延伸出不同領域的探討。相關應用：碎形宇宙學（Fractal cosmology）、碎形幾何學（Fractal geometric）

一旦理解宇宙的本源是從混亂開始，我們就能夠理解，有時候不是只看東西的多寡，或者以爲整齊是一切，那是可見的幻象，也是狹隘的視角。

眞實的品質，包含了不可見的感受，需要用「心」才能體會。

宇宙大爆炸展現了沉寂與混亂的無限潛能，在一團混亂之中有著創造的力量，並從混亂裡開始進化，然後誕生出各個星系與行星，而人類居住在宇宙的某一個角落，一個叫「地球」的地方，位於太陽系。地球形成之後開始有板塊、地殼，然後有了海洋之後生命隨之而來，細胞形成、植物生長、動物繁衍，人類出現。

你說：「整理跟宇宙與地球有什麼關係？」

我說：「關係可大著呢！在人類出現以前，宇宙與地球準備了那麼長的時間，那些故事與祕密，在我們不知道的時候形成了這個世界。我們怎麼可能跟它們沒有關係。」

第一節　眾神的拼圖

從宇宙大爆炸到人類出現，就是「神」在做整理跟創造的過程；從混亂到各種自然環境形成與生靈繁榮，就像把拼圖一片一片的定位。

如果你需要，亦可把我剛才所說的「神」替換成任何你覺得舒適的字詞，可能是佛、上帝、真主阿拉、高靈，或是造物者都可以。在這邊，我們需要把心打開……用以往沒想過的視野來看待這件事情。

這個神與宗教無關，也跟信仰無關，而是跟「思考方式」有關：有某一種存在或力量在讓這個世界生生不息。這個心智的力量根據——某種模式及思維在運作，而拼圖「定位」的過程中讓人類這個群體產生出獵食、工具、社交、語言、文化、科學等活動方式。對人類來說，定位便於進化與演化，而整理就扮演著重要的角色。

《尚書．周書．泰誓上》裡所提及的：「惟天地萬物父母，惟人萬物之靈。」意思是因為天地生成萬物，所以天地是萬物的父母；而人主宰萬物，所以人是萬物中的靈物。靈為溝通天與萬物的力量，所謂靈者神也。人是萬物之靈，人即為神，而萬物皆由神所創造。每個人的身上都有「神的一部分」，就像是每個物品身上都有宇宙的祕密。

神化身的我們緊緊相連，所思、所言、所行及購買的每個物品，還有丟棄的每個東西，中間產生出許多的漣漪，就像是很多看不見的線交纏在一起。環環相扣，而且互相影響。

當我們把思維放大，就會看到原來這些事情都是有關聯的，也會知道不論混亂或是整齊，都來自於心智上的反射，也是靈魂上的共振。

人類的天性追求整齊，是來自於定位的需要；當每件事情被妥當的定位時，會讓人感到安心與明白。

「定位」代表有適合的位置，並有一定的規矩與範圍。綜觀人類所產生出的行為模式，其實都是跟定位有關，譬如：

- 獵食：人與動植物（食物）之間。
- 工具：人與東西（物品）之間。
- 社交：人與人（溝通）之間。
- 語言：人與聲音（表達）之間。
- 文化：人與集體（活動）之間。
- 科學：人與被研究物之間。

定位也意味著有某種相對應的狀態來作為衡量的基準，若沒有相對的東西，人的行為就不存在，而靈魂的經驗也就不存在。在混亂時有多種可能的未來，只有被認出才能夠具體化。

「整齊」就是看見並產生現象的行為，思維的選擇讓事物有適合的定位，這樣就可以協助自己看到更多。當掌握到清楚的狀態，就能夠看到拼圖的全貌，並看見眞實的自己。

由此可知，**混亂是「未定位前的多重選擇」，整齊則來自於「理解之後的歸屬」**。而混亂到整齊之間，到底是什麼樣的力量在運作？

展現自己的力量

我們可以簡單的理解：是「人」、是「我」，因爲力量在自己之內。

神靈開天闢地，正如同整理自己的人生；如何讓沒有被定位的物品放入所謂整齊的生活環境，需要人的力量，就像是神創造新世界一樣。而什麼樣的狀態需要「創造」？可能是混亂或悲傷時，也有些是階段性結束的時候。最重要的是，任何時候都可以重新創造，任何時候都可以重新整理並重新開始，而任何時候都是全新的人生及全新的自己。當可以看到自己的力量時，事情就會越來越好，所有的整理都是一種前進，因爲會學習到不同的經驗、吸收並成長。

這就是理解「整理」的開始，是邁向整理之路的旅程。然後，觀察自己爲什麼想要或是需要做這件事。重要的永遠是你自己的心，好好並靜靜的聆聽。

「人生整理課」的三個步驟：

·**第一步：開始「思考」**是人生整理課的開端。不是選擇物品要丟或是要留，不是急著完成「整齊與乾淨」，而是覺察到自己當下的每個起心動念。

·**第二步：**環顧四周，**成為「觀察者」**，觀察自己的行為模式。是怎樣的心念讓自己有這樣的反應？為什麼自己需要這些物品？為什麼自己會做這樣的動作？細細的觀察自己的每一個點滴。

·**第三步：誠實的「面對自己」**，專注於自己的內在。學習分辨物品的本質，是物品還是你？是集體意識還是你內心的渴望？看著物品就是看到自己，凝視著萬物就是凝視神。這樣的過程就是與內在的神性對話。

如果你可以單獨做人生整理，就會明白自己的力量及獨處的重要性。只有你自己面對著物品，讓它們展現出自己曾經的過去……然後沉思，並決定與物品繼續生活或是送它離開，這個過程就像是一趟內在的旅程，也是一種靜心的方式。

到目前爲止，我爲你介紹了很久很久以前的故事開端，接下來，我們要回到「現在」了。

「囤積」背後的故事

二〇一三年的《精神疾病診斷與統計手冊》（*The Diagnostic and Statistical Manual of Mental Disorders*）第五版裡定義：囤積症（Compulsive hoarding）爲一種精神疾病，也可稱爲「儲物症」或「棄置恐懼症」。可能會出現以下幾種狀況：

- 過度的購買或蒐集行爲。
- 有強迫性狀況，甚至病態性。
- 對物件有強烈的精神歸屬感或是寄託。
- 不願意或是無法歸還借來的東西。

當上述行爲影響到本人或是相關他人的基本生活者，就屬於疾病，通常伴隨著顯著的壓力。而健康與疾病之間有一種臨界的狀態，稱爲「亞健康」：人的心理或身體處於「混亂」但沒有明顯的病理特徵。

所以，若是把囤積行爲分成三大類狀況：

1 對於事物的執念——控制欲、占有欲。
2 對於行爲的上癮——情緒不穩、蒐集欲。
3 投射自己的價值——自卑或自傲、優越感、恐懼。

就這三點來看，會發現大多數人可能都有些許的囤積傾向，或者是在精神有些混亂、疲勞的時候，就會產生囤積狀況，因爲人往往會用物品隱藏住那些看不見的情緒及能量。而囤積最大的陷阱即是……當事人不覺得自己有囤積症。

·當觸發點爲心理及精神上的可能病症：成癮、強迫症、焦慮症、恐懼症、躁鬱症、妄想、強迫性人格障礙、神經性暴食症、異食癖。

另外，因爲身體的疾病而引發無法「完全自理」的狀況，也會有些許的囤積行爲。

·當觸發點爲身體不便的可能病症：失智症，或是其他身體狀況不便於行的疾病，例如中風、癌症等。

由此我們能夠稍微理解物品囤積牽涉的層面非常廣泛，除了情緒，也有些是跟病症有關，有時候則是反映出了需求……需要看到更多爲什麼會變成這樣狀況的緣由。我們不該馬上下定論爲囤積或是混亂，而是要看到宇宙在這裡面藏了什麼等著人類去觀察與發掘。其實，人類的需求可能跟囤積有關，這件事早在遠古就已經發生了。

人類身爲哺乳類的靈長生物，有一個習慣在這個種族的血液中代代傳承了下來——「儲存」。遠古時代的生活環境與現在有很大的不同，氣候條件嚴苛，需要用生命與自然搏鬥才能生存，食物取得不易，所以人類開始學習儲存食物以便「保存」自己；接著開始發明工具，讓自己有更多的生存機會，拿工具狩獵或用工具保暖避寒。**這些都是保護自己可以存活下去的機制，是人類擁有物質（物品）的起源**。

換句話說，擁有物質本身就是爲了讓自己可以存活下去的生理反射行爲，從生活所需、糧食、居住空間，無一不是因爲生存行爲。

擁有這般生存行爲的人類，在演化過程中開始有了群聚，而人聚在一起之後有了社交行爲，物品的需求也開始增加。除了在自然中不被野獸吃掉之外，爲了在人群中有更多的生存空間，譬如尋找伴侶及展現自我等需求，也開始創造及累積不同的物品。包含文化進展及更多的人類活動，物品的需求從生存轉變成更多的「目的性」。

經過漫長歲月至今，每個時代會產生相對應的物品，就像是**物品記錄著不同時代人類的軌跡**。

因此我們可以明白，**囤積是一種需求，也是人類的天性**。但這樣的需求影響到生活的舒適度，破壞了生存行爲，進而轉變成疾病，才是令人擔憂的。任何行爲都需要適量，超越平衡之後出現的不協調，才是需要整理的。

但仔細想一想，如果混亂是宇宙的本質，我們就會明白，對於人來說也許是混亂、是囤積，但對於神來說什麼都是美好，只要是出現在這個世界的人事物，都是必然發生的。我們以爲物品很重要，我們以爲有價值的東西很重要，但其實重要的是無法再重新得到的「時間」。其實，整理或不整理都好，重點在於：你想要什麼？對你而言什麼是重要的？

現在就是最好

我們需要明白跟理解自己的「想要」，接著再做你認爲最適合自己的調整即可。不論如何，現在擁有的空間、工作、人生已經是最好，已經是「當下最佳的生存本能」，你已盡了最大努力。當下已是你自己支持自己走到現在的最佳方式，所以好好的讚美自己吧！放下手邊的要務及身體的壓力，還有緊張與擔憂，讓我們一起說出下面的文字：

謝謝所有的物品支持我，
謝謝所有的人支持我，
謝謝我自己支持我自己。
我擁有的一切已經是最棒，而且會越來越適合我。

〈整理之路的完美宣言之一〉*

你說：「可是別人不是說房間亂就是內心亂嗎？」

我說：「也許是，但那又如何呢？內心紛亂需要物品亂來讓自己安心、平衡自己的狀態，那就感謝物品的支持吧！囤積亦是一種愛，謝謝它們在那邊默默的守護著自己。」

---

* 在你需要時，隨時都可以重新閱讀及朗誦這些文字。以下章節亦同。

然後，等你準備好，我們再一起整理，一起思考、觀察及面對自己，運用整理，讓我們更加清晰的看見事物。

物品的價值

人生整理課，是藉由物品看到人生。當我們理解物品是爲了生存行爲被創造出來的，就更應該去理解「物品的本質」。物品的眞正價值是什麼？

讓我們靜下心來，回頭看看身邊的任何一個物品，好好的想一想，這個物品是因爲什麼原因來到你的身邊？是需要？是想要？還是不知道？

物品的價値來自於「支持人類」。

物品出現在宇宙的最大原因，是人類需要它，所以被人類用某個偉大的心智想出來、畫出來、製造出來，然後用於協助人類在生活所需時派上用場。

要記得，物品是拿來「使用」的，不是拿來丟的。問題是出在人類將這個物品帶回家後，讓居住環境變得淩亂，於是把過錯推到物品身上，然後丟棄，這可不是正確使用物品的方式。

你說：「可是有時候不是我自己願意帶這個物品回來的！」

我說：「那你要練習『拒絕』，自己的人生只有自己可以掌控。」

你說：「可是有時候這個物品本來就在我家，不是我帶回來的！」

我說：「不要丟別人的物品，你要負責的是自己的人生，而不是去干涉別人的人生！除非這個物品的主人或是主導權在你身上，你才有決定的權利。」

所以，我們都要重新學習如何正確的使用物品。好好的使用物品就像好好的對待自己的人生一樣！從來沒有人這樣告訴你，因爲「不會動的東西」「看起來沒有生命的東西」比較不會讓人有同理心，所以不會眞的尊重物品，而是只以自己的想法使用。

我們都要重新學習如何正確的對待物品，好好的想想，好好的問自己：「如果我是我手上的這個物品，被這樣對待會開心嗎？」

案例分享

某次講座之後，有個同學回饋如下：

以前我只想著怎樣整理桌子才會乾淨，現在我會想著怎樣使用「桌子才會開心」。所以當我開始這樣思考的時候，我開始擦桌子，我開始去體會如果我是桌子，我喜歡被怎樣對待？然後發現桌子擦完之後非常的閃亮，感覺它很開心。原來物品真的會有感覺，好有靈性。

其實打掃不用技巧，收納不用技巧，真正要下功夫的是自己的心。

經由物品支持人類的價值看到物品的本質，而物品不斷的在「記錄與播放」，**這個物品如何被對待，它就如實的記錄下來，然後如實的播放**。物品非常誠實，人類會說謊、會隱藏，但是物品不會。在我們身邊的物品同時做著記錄與播放兩件事情。

讓我們想像，打開衣櫥看到衣櫃裡有兩件衣服掛在一起。

第一件衣服，穿著它的時候曾經遇到很美好的事情，可能是加薪、樂透中獎及發生幸運的事情……它充滿著開心的回憶。

第二件衣服，穿著它的時候遇過不太舒服的狀況，可能是跟別人吵架、被開罰單，或是淋成落湯雞然後感冒……它充滿著眾多自己不喜歡的情緒。

所以當你打開衣櫃的時候，這些曾經發生過的回憶就在面前不斷的播放，不管你的意識是否察覺到，潛意識裡面對於第二件衣服總是會有個排斥感。所以我們就會發現，原來家裡的物品上演超多的劇情，而自己在這個生活環境裡就一直被這些過往的事情所牽絆……

之後，當我們一起開始動手整理的時候，會需要清理這些不舒服的情緒，讓自己歸零，也讓物品歸零，好好的學習如何正確使用它。

案例分享

曾經有兩位朋友告訴我，他們在整理時發生的狀況：

・朋友一

他：「我聽完『丟東西就可以改變生活』的說法之後，就馬上回家把家裡的東西丟掉了許多，覺得非常清爽，真的覺得物品清空情緒也清空。」

我：「所以清空的物品都怎麼處理？」

他：「就全部丟到大垃圾袋中，放在家裡的一角，等著下次垃圾車來。」

我：「所以你覺得人生中有什麼困擾嗎？」

他：「跟家人的感情一直不好，有時候我們彼此都會有躁鬱跟恐慌的情形，一直都解決不了……」

朋友一的狀況是因為自己的情緒週期而去丟東西，物品也記錄與播放「情緒不定」的頻率。

・朋友二

他：「我覺得我不需要整理，因為我最喜歡丟東西了。每隔一段時間我都會把東西整理成一袋，拿去分送或是丟舊衣回收箱處理掉。」

我：「所以你覺得人生中有什麼困擾嗎？」

他：「我無法真的跟人很熟，沒有真正很好的朋友，感情也一直很不順。」

朋友二的狀況來自對於所有事情都只是丟下與拋下，物品記錄與播放「不想負責任、跟我無關」的頻率。

上述兩個朋友都發生同樣的情形：以丟棄物品來解決自己的情緒，但沒有真實面對，然後誤以為丟東西或東西少一點就可以讓自己的生活變得更好。

這樣的情形在兩位朋友身上不斷重複。

＊不是每個同樣狀況的人都有同樣困擾，在此僅以個案說明。

學習正確的使用物品，是人生整理課的重點之一。**讓物品支持你，而不是讓物品困擾你**，該處理的是自己的情緒，而不是用丟東西去掩飾。物品的「記錄與播放」在這個宇宙裡面不斷的發生。

你如何對待物品，這個世界就怎樣對待你。

就像是行爲模式的錄影，就像是「業」（Karma）。因爲過去的行爲引發未來的經歷，而物品不斷的提醒我們要好好的看清楚自己。

灰塵與時間

你說：「可是東西很髒、有灰塵，我不知道之後會不會使用它。很多整理的方式說，只要現在用不到就可以丟掉。」

我說：「你知道灰塵是來自於神的提醒嗎？」

有非常多人只是因爲物品髒了、壞了就直接丟棄，你有沒有想過，這些狀況是怎麼來的？物品爲什麼一段時間不用之後，就會累積灰塵，看起來斑剝或是壞掉？我們需要好好的思考、觀察、面對。你有沒有想過，灰塵是怎麼來的？

現今，灰塵被定義爲大氣中一種固態懸浮物，若是用顯微鏡觀察居家的灰塵，裡面會包含以下內容：

1 來自人體：脫落的毛髮、皮膚的壞死細胞（皮膚屑）。

2 物品的粉碎：衣服的纖維、牆壁地板等剝落磨損的粉末、食物碎屑。

3 微細活體：塵蟎、空氣飄入的菌類孢子、花粉。

4 自然微粒：土壤的礦物微粒。

5 人爲微粒：因爲燃燒及製造物品等行爲所產生的粉塵。

而什麼樣的狀況會讓物品上面有灰塵？——是「時間」。當某樣物品一段時間未被使用，上面就會累積灰塵。未被使用意指，在生活中未被使用者「想起」，所以**讓物品支持人的提醒，就是灰塵**。灰塵與時間的關係，取決於「愛」，來自於神，這是東西會不會壞掉的因素。

你有沒有發現，有些東西如果你很愛惜的使用，許久都不會壞掉？以前的物品都可以用很久也不會壞，曾幾何時，我們現在使用的物品卻容易壞了？

當物品失去人的愛與關注，它的分子結構會開始散架，然後崩解變成粉末，這是大多數人家裡灰塵的來源，也是放在櫃子深處忘記使用的物品會崩壞的原因。

物品想要支持人類，而時間讓灰塵生成，提醒人需要用愛讓這一切連結在一起。內在的神性用人類可以觀察到的方式支持我們，而物品的髒汙就像是許久未見到陽光需要清潔的心，深藏在使用者的某個角落，提醒人生當中有些地方需要花時間看清與重新關注。所以，髒汙跟壞掉的物品不該直接丟棄，而是要好好的清潔，並看清楚是什麼原因讓它變成這樣。

案例分享

某次，有個朋友來跟我討論一件讓她困擾的事情。

朋友說：「基本上，我家打掃得很乾淨，但是跟婆婆一起住讓我很困擾，因為她總是破壞我的物品，讓上面有傷痕。有些可以丟，但有些是巨大家具，無法隨意丟棄。」

我說：「傷痕不是問題，問題在於你認為這樣的狀況讓你無能為力。在某種程度上來說，很多人都有種誤解，把我們自己投射到物品身上。『丟』解決不了問題，需要解決的是你內心的傷痕，而物品只是一個提醒。」

仔細觀察，物品是真的壞了嗎？還是情緒的投射？其實，**物品的破損從來不是真正的問題，是那些不舒適讓人想到自己的不完美**。把力量拉回自己之內，理解每個當下都是完美的。當我們覺得自己夠好，就不會在意那些瑕疵，並可以感謝那些瑕疵，讓我們可以做自己。然後，當自己回歸到平靜，我們就可以好好開始與物品對話，可以花時間清潔或謝謝物品，並送它們去旅行。

物品的旅行可能是到另外一個人手上，或是成爲另外一種形式被使用或回歸大地。不論是哪一種，留下或送走，只要好好的對待它們，這樣的能量會持續記錄與播放，然後回到我們自己身上，這就是宇宙的祕密。每個物品都是在努力展現它們可以做的——支持人類。整理是重生的過程，因爲整齊是在宇宙空間定位的需求。

整理之路不存在正確答案，也沒有正確作法，唯一的指引只有每個人的心。想要前往哪種生活？希望物品記錄與播放什麼？我們觀察看得見的物品，來面對看不見的情緒。

人生的整理包含了身心靈的思考模式，並理解萬物都是連在一起的共生。每個整理過程的背後，都蘊含人類行爲學的知識。

我們整理的是人生，而不只是物品。

第二節　看見真實的自己

當我們理解了整理之路的大背景，接下來你的故事架構要開始呈現了。回到你身上，我們要開始做心理上的準備。如果我們沒有工作、財產、稱謂、社會上的地位，那還剩什麼？扣除掉那些外在的，只是純粹的你自己時，你是誰？

有時候，人類會誤以爲我們是自己說出來的形容詞，也會誤以爲我們用的物品代表自己，就像許多人說要愛自己，但我們眞的了解自己嗎？首先，需要釐清的是——什麼是「愛」，以及「自己」是誰，然後我們才能夠眞的「愛自己」。

你說：「我有愛自己啊！我知道我的喜好跟想要什麼生活，然後努力賺錢，認眞享受。」

我說：「曾幾何時，我們錯把『愛自己』認爲是花錢就可以得到的物質享受，我們錯把『好的人生』認爲是過著用錢堆積起來的生活，以爲花錢得來的小確幸就是愛。」

這是對「愛」的誤認。**愛不是欲望，也不是需求；愛毋須擁有，也不須比較。愛本身就是「存在」，是一種寧靜的氛圍，也是萬事萬物本自具足的，只要把力量拉回自己之內，回到這個當下，成爲內心的你自己，明白現在就是最好，這就是愛。**

而我們能理解的一切就是愛，所有的好壞對錯也都是愛。意思就是：不論自己是誰，**我們只要回到眞實的自己，就是「愛自己」**。因爲愛容納一切，接受原本的自己而不評斷、不害怕、不恐懼，就是實實在在的愛自己。

開始整理的時候，我們需要思考、觀察及面對自己，這樣的過程可以幫助我們看到「自己是誰」。拿掉物質的標籤及我們以爲的，**那些以爲是「愛自己」而買的東西，才是眞正需要被整理的**。

案例分享

某次居家整理協助時，發生以下狀況：我打開櫃子後，發現成堆的衛生棉，裡面的數量足以讓人覺得是囤積。

「我喜歡讓我的生活過得很舒適。」物品擁有者這樣說。

「舒適跟物品的累積並沒有關係。」我說。

然後，她淡淡的說了一句：「可是，我想要我在使用時是夠用的，所以我在家裡都會囤放我覺得夠用的量。」

這時，我嘆了一口氣，看向那些一個正常成年女性可以用上兩年的衛生棉，它們播放了成堆的不安全感及恐懼的頻率。也許人需要的只是誠實一點，**真正要面對的是自己，而不是用物品掩蓋**。

整理的過程可以讓我們更加釐清自己是誰，並不是投射別人給出的，也不是那些情緒，而是看到自己的本質，回到當下，並找到宇宙間的定位，最終回歸內心的平靜。

那些喜歡擁有的感覺及與外在的比較，還有投射在物品上的自我價值，都不是你，你只是以爲那些是你。

眞正的愛自己，是需要先理解自己。

冰山理論

奧地利心理學家西格蒙德・佛洛伊德在一八九五年與約瑟夫・布魯爾合著《歇斯底里症研究》（*Studies on Hysteria*）一書，裡面提出「冰山理論」：人格有意識的層面只是冰山一角，而心理層面則幾乎位在水面下更巨大且不可見的部分，但這個看不見的部分影響人類行爲甚鉅。冰山理論在之後被不同的學者延伸發展成許多學派。

若要簡單說明冰山理論，就是指水面上的冰山是我們認知的意識層面，包含看

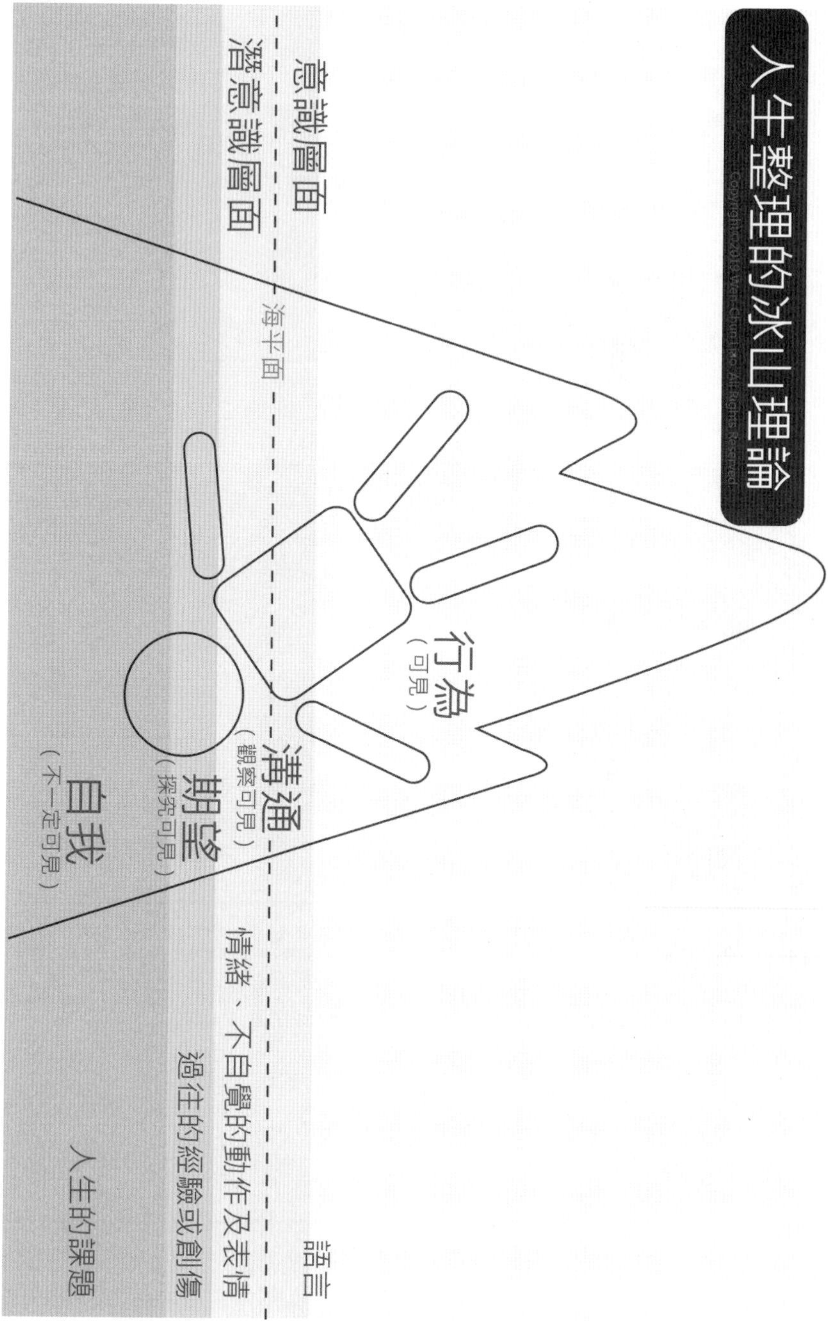
人生整理的冰山理論
Copyright©2019 Wen-Chung Lo All Rights Reserved
意識層面
潛意識層面
海平面
行為
（可見）
溝通
（觀察可見）
期望
（探究可見）
自我
（不一定可見）
語言
情緒、不自覺的動作及表情
過往的經驗或創傷
人生的課題

得見的行爲及語言；而水面下的冰山則是潛意識層面，包含情緒、不自覺的動作及表情、過往的經驗、創傷等，這些並不容易看見，而且當事者也不一定知道。

所以，「整理」不只是做「整理」這件事，還包含隱藏的情緒、思考模式、行爲學，也會探究及挖掘許多看不見的層面。要理解自己的整理行爲背後隱藏的原因，就需要把注意力放在「自己」身上，把關注從外在的物品拉回自己的內在去思考：

爲什麼我需要這個物品？

爲什麼我不需要這個物品？

在這個重複的過程當中，你會發現物品的愛及萬物的愛，看到原來愛就在身邊，而自己是這樣的存在。當我們開始進行人生的整理時，需要挖掘冰山底下的潛意識層面，然後一層層的看見與面對，這需要很多的耐心及對自己的誠實。

讓自己挖掘自己，不光只是看書上的文字，也需要動手做。

案例分享

案主本身已經看過一些整理書，甚至還在個人的社交平台上放了整理過的照片，並寫了很多心得。但當我到他家的時候，我非常震驚，因為滿地的垃圾映入眼簾，而我當場也看到他將用完的衛生紙直接丟在地上，跟他本人在社交平台上呈現的感覺差非常多。

那次討論出的方向是要規畫家具如何擺放，他說：「我很喜歡這張桌子，雖然平常不會用到，但因為東西放在上面拍很美……」而桌子之外，是散落一地的物品。所以我就能夠明白，為什麼他的照片看起來都像商品照，卻似乎離生活有些遙遠——因為那不是真實的。

真正的整理，是面對自己。

這樣的照片也許欺騙了別人，但更多的是欺騙自己。**真正的美是展現真實的自己，而不是博取別人的關注；當你理解自己的美，亦無須展現。**

人生整理課是練習如何把力量拉回自己之內，鬆動那些讓自己不自由之物。其實買東西、丟東西、擁有多少東西從來都跟「愛自己」無關，因爲東西無法取代你，而且重點在於：爲什麼你要做這件事？

混亂與整齊沒有標準答案，重點在於你的感受。

你覺得舒適才是眞的舒服，而這個感受包含意識層面與冰山下的潛意識。整理之路，其實是一趟看見自己的旅程。

大腦神經元

當我們理解自己的人格分成「意識」與「潛意識」之後，繼續往冰山下探究就會深入腦中，看到那些影響我們或者是自己造就的腦神經元。這些腦神經元裡記載著行爲模式、思考迴路及相關情感，這也是你的生活空間裡充斥的訊息。有時候需要的只是閉上眼睛，放掉過往的模式，試著用聽的、用聞的、用感覺來重新體會。

你知道眼見不能爲憑嗎？眼睛看到的只是片面，而不是全部。但現今社會已經太習慣用「眼」去評斷事物，忽略了那些說不出來的感受，還有向內詢問自己的心。

《呂氏春秋》記載，孔子周遊列國到陳國與蔡國之間時，因兵荒馬亂、旅途困頓，三餐只能以野菜果腹。某天，大家已經七天沒吃到米飯，只能在白天以睡覺來度過飢餓。終於，顏回要到了一些白米，可以下鍋煮飯，而當飯快熟時，孔子親眼「看」到顏回掀起鍋蓋，抓了些白飯往嘴裡塞。孔子當時裝作沒看見，也不去責問。

飯煮好後，顏回請孔子進食，孔子假裝若有所思的說：「我剛才夢到祖先來找我，所以我想把乾淨、沒人吃過的米飯先拿去祭祀祖先。」

顏回頓時慌張的說：「不可以，這鍋飯我已經吃過了，不能拿來祭祖。」

孔子問爲什麼，顏回說：「剛才煮飯時，不小心掉了些灰在鍋裡，如果因此要全部丟棄太可惜了，所以我就把沾到煤灰的部分抓起來吃掉了。」

孔子聽了感嘆的說：「一般人都是看到才相信，而看到的其實未必可以全部相信；一般人依靠的是自我內心判斷，然而也有判斷錯誤不可仰賴的時候。要了解一個人，還眞是不容易阿！」

有時候，我們需要的只是深呼吸，放下自己對他人的指指點點。

因爲這樣的評斷不只是對他人，也可能是對過去的自己。光只是「看」，我們其實很難理解前因與後果，不知道對方心裡所想，也摸不清自己的心；**光只是「看」，腦中會自行以自己的過往經歷，在當下發生的事件中，補上自己認爲的劇情。**

現在，假設你面前有兩間廁所，門上沒有任何文字跟圖案，一間是粉紅色的門，一間是深藍色的門，你認爲，哪一間是男廁？哪一間是女廁？

大部分的人幾乎都會直接反應說：「粉紅色是女廁，深藍色是男廁。」

的確，在大部分的世界、國家、設計物件裡，都是「這樣分類的」，**這樣的行**

爲是過往經歷的腦神經元，也可以稱爲「先入爲主」或「暗示」。這其實是「制約」，並不是來自於眞實的你，只是你以爲那些是你。

當你可以眞實的把力量拉回自己之內，就不會看了整理書之後就瘋狂丟東西，也不會因爲流行趨勢而一直買東西，因爲你才是最重要的主角，而且你不會否定自己的過去。接受原本的自己、曾經的自己、混亂的自己、囤積的自己，不論開心或難過，都是自己的一部分。

不管你的生活環境是混亂還是整齊，都是你的一部分。而接下來，你想要往何方前進？

案例分享

某次聚會中，聽到有個朋友說他整理的過程。

「我把東西都丟掉了，全部！

「因為我覺得我已經不是過去的我，所以我直接把物品丟到垃圾場，管它是要燒掉還是埋掉，只要可以離開我的人生就好。」

他說完之後，轉身分享其他事情。他一直推崇身心靈學習，說著無條件的愛及自己又學到了什麼。我看著那副興奮又激動的表情，似乎也能夠明白為什麼這個朋友的物品永遠都是全新的，也永遠都是那樣的冰冷——因為物品與本人都帶著滿身的刺。

否認自己的過去，其實間接也否認了當下的自己。

沒有人是完美的，我們也不需要完美；經驗是最好的腦中皺紋，代表著智慧與寬大。冰冷與刺就是為了保護自己，因為丟掉過去就像切斷了根，而失去了根的溫度，讓真實又離自己遠了一些。

在此我想做個小小提醒：**在制約底下，再怎麼整齊都不會心安。**不論你擁有多少物品、擺放得多整齊，甚至是持續清除舊事物，若你不是眞實的面對自己，都代表著你並沒有眞正的愛自己，你只是偷了別人給你的故事，然後用物品及表象掩蓋自己……你活在虛假的生活中，永遠在尋找歸屬感。

這就是腦神經元的誤區，我們需要換條神經元的道路行走，重新用更宏觀的視野去看待自己。好好的面對自己，把愛說出來：

謝謝過去的我自己，
謝謝未來的我自己，
謝謝現在的我自己，
我擁有的一切已經是最棒，而且會越來越適合我。

〈整理之路的完美宣言之二〉

當你用自己的聲音說出這則宣言時，腦中會產生風暴，用自己的意志說出來的聲音頻率會與腦中的神經網絡共振，神經元的傳導就像是閃電一樣，這樣的行爲即爲神的創造。

所謂「神」，由「申」與「示」構成。申，意指閃電或鄭重；示，代表祭祀與展現。人在說出語言時會產生神經網絡的雷電，成爲自己說出的字詞，並活出神性。讓自己專注的活在當下，就像是愼重的舉辦儀式一樣。

當我們整理自己時，可以透過書寫或說出口與內在溝通，進而更了解自己。開始理解自己的神性後，就能看見自己眞正喜歡的生活方式，不是雜誌上的、不是家具公司的、不是任何來自於別人的建議，而是來自於你的內心，一種屬於自己的夢想藍圖，知道對自己而言什麼叫做整齊，以及爲什麼要留下，又爲什麼要放手。

從別人身上看到自己

當你說出口、寫下來及思考的時候，腦中就會記錄與播放，跟物品的記錄與播放一樣。你如何思考，這個世界就如何產生，這就是起心動念，也稱爲「業」，而人生就是這樣不斷的記錄與播放。

我們可以藉由物品看到自己，亦可以從別人身上看見自己。自己之外，就是自己之內。我們如何對待別人，別人就會如何對待我們，那都是自己對自己做的事。他們跟物品一樣，都是在反射我們自己的某一個面向。

人生中出現的每一個人都在提醒自己，眞實的愛自己也就是愛每一個人；看見每一個人的好，也是在發覺自己的好。每個別人都在播放自己看不見的潛意識，展現冰山下的故事。

找出身邊所有人的優點，然後稱讚他們，這個稱讚如果是發自內心，你就會發現人生變得更好；找出身邊所有人需要改進的地方，然後往自己內在看，理解自己需要修正的地方，並秉持著大愛無情，因爲眞正的愛並非順從過去的習性與沉溺，就像成長是需要學習「選擇」，而不是對一切來者不拒。

放下不屬於自己的東西及無法讓自己前進的人事物，看到人與物品、人與人交流的品質，然後讓內心回到平衡。這個過程就像一首交響樂曲，人事物的交織有時候會吵雜，有時候是優美，而人生的智慧就是在多元的體驗中學習到。

所以，**整理是不會「結束」的，而是會一段一段的往前，根據你自己的成長，讓身邊不同的物品支持你**。

佛洛伊德曾說：「人生有兩大悲劇：一個是沒有得到你心愛的東西，另一個是得到了你心愛的東西。人生有兩大快樂：一個是沒有得到你心愛的東西，於是可以尋求創造；另一個是得到了你心愛的東西，於是可以去品味跟體驗。」事物會有一體兩面，而人生也是一體兩面；悲劇與快樂是同一件事情，重點在於你自己怎麼看待。

經驗與覺察可以讓自己成長，而那些無法讓自己決定的外在因素，才是不平衡的原因。曾幾何時，想要「擁有」或「放手」某個人事物時，開始顧慮的不是自己，而是別人的觀感……思考著如果我用或不用這個東西時，別人會怎麼想；煩惱著如果我與這個人當朋友或不當朋友時，別人會怎麼想。爲什麼我們要活得這麼累、這麼不自由？所以，回到你的內在，好好的做出選擇。

你要知道，不論如何選擇，你做的每個決定都是愛。

繼續使用物品是愛，將物品送出去也是愛；當朋友是愛，不當朋友也是愛。每個決定都是慎重的，都是互相幫助並讓自己更加成長。**我們需要看到事物背後隱藏的愛，每多一些理解，就會看見自己多一些。**

太極與平衡

中國傳統學術：「孤陰不生，獨陽不長；陰極陽生，陽極陰生。」沒有絕對的好，也沒有絕對的壞，混亂與整齊永遠都是互相融合與存在。未定位的未知與理解之後的已知，構成的就是人生。這就是「不整理也沒關係」的原因，物品跟環境本身就會自動取得與居住者的平衡，不管再怎麼整齊或混亂，生活還是會繼續前進，就跟時間一樣。

你說：「那爲什麼還要整理？」

我說：「好問題，這就是人爲萬物之靈的原因。拿回自己的力量，主動創造命運，而不是讓命運決定人生。」

整理之路，是在這些宇宙的流動及人生的選擇中看到自己，找回自己的力量，看到自己可以創造夢想的人生。

眞正的整理是讓人的內在神性復甦，藉由每天每件事情的起心動念去覺察、學

習、前進：人生的整理，是讓自己理解思維的力量，藉由每天每件事情的抽絲剝繭，看到人生還有更多的層面。了解宇宙的祕密，看到更多超越「業」及過去舊有習性的選擇，這個過程就是找尋眞愛，也是眞實的愛自己。理解眞正的愛比原本想像中的更偉大，不是一個人、一件事、一個物品，而是整體、一體，在自己之內，也在自己之外。

我們會開始理解所有事物都是一體兩面，而**整理的關鍵來自於內心的平衡**，並不是什麼方法、專屬技巧、特定人士的技能，也不是專家才會做的事情。

當我們動手整理時，需要知道所有事物的更多資訊，看到每個選擇背後的故事及可能會造成的因果關係，因爲每件事情及每一個起心動念都在記錄與播放。所以，該如何讓人生取得平衡呢？我們可以學習太極「陰中有陽，陽中有陰」——若能夠借力使力，就能舒適又省力。而理解自己的過程，就是看到「力」在哪裡，看見自己過去的軌跡，然後利用自己的長處來創造更好的自己。這就像是知道自己的血型、理解自己的星座，明白原來這樣的方式最能讓自己舒適，符合自己（使用者）的特質去整理，而不是追求大家都一樣的方式。

人生整理的太極陰陽

接下來，我會向你介紹如何利用自己的特長借力使力，讓每次整理都可以循序漸進達成平衡，並在舒適及安全的旅程中成爲你自己。

人生整理課並不是將你變得跟大家都一樣的整理方式，而是讓你可以成爲更像你自己的過程。不會有什麼樣的方式才是最好，而是提供更多的知識與思考方式，然後讓你運用自己內在的力量，選擇最適合你的路。

第二章

理想的居住空間

首先，我們要思考一下什麼是「理想的居住空間」。

現在，你應該可以稍稍理解萬事萬物相連的道理，其意指人類的居住空間或你想要的居住空間，與現在的萬物有個相連的命運。但我們該如何在這個緊緊相連的宇宙中看見全體，並借力使力的讓自己平衡呢？

此時，我們需要知道現在到底發生了什麼事，以及當下這個時間點，我們在宇宙裡的位置為何。就像人會隨著氣候而調整穿衣，也會隨著居住地不同而吃不同的食物一樣，宇宙的時間伴隨星系的轉移，人類的文明也會隨之感受相應與變化，而整理就是在這個變化、進化、改變自己的過程中，看見自己並使之成長，活出更偉大的生活。

理想的居住空間，就是讓自己的力量最大化。

這就是讓自己體驗夢想、視野變得更加寬闊，並讓物品及空間支持你；接著，豐盛便會隨之跟上，而星系、宇宙、時間皆會因你而被重新校準。

第一節　靈性與物質文明的交替

學習歷史的重要性在於可以從中獲得經驗與智慧，並從更長時間的角度來觀察事物的進展。以下，我們一起來看看人類歷史與整理的關係。

一九三七年，日本學者村山節發表了「文明法則史學」理論，研究人類文明發生的週期性規則，認爲是以八百年爲一週期的發展模式演進。當中說明了人類其實與自然萬物相同，有著看不見的規律與遷徙，這樣的循環甚至會影響人的喜好、生活方式及商業模式的發展。而某些根深柢固的人類行爲，則深受冰山下的潛意識影響。

文明法則史學

人類的文明以一千六百年爲一個大單位，橫跨八百年的準備期及八百年的文明期。這段興盛及衰退的一千六百年稱爲文明週期（Civilization Cycle，簡稱ＣＣ），從準備期的八百年開始，就像是自然界中的冬季，萬物寂靜沉默，而人類面臨擺盪的轉變或遷徙，伴隨政權崩壞及武力行爲；當到達最高峰之後，開始平衡並回復安定，邁向春季，隨著萬物復甦準備發芽，人類形成新的意識形態或派系。

接續到文明期的八百年，開始進入夏季，百花盛開，萬物興盛；當此文明達到最高峰之後開始下降，進入秋季，人類族群爆發衝突，進入混亂。

人類文明週期的一千六百年以「冬季準備」→「春季開花」→「夏季成熟」→「秋季崩壞」的四個狀況不斷周而復始，而世界的東西方兩大系統也隨之交替。當西方在文明發展期的八百年時，東方文明就在準備開花的八百年，每個時期的東西方文明都在反向的兩端。西元二〇〇〇到二〇一二年這段時期，剛好落在東西方文明交替的交叉點上，整個世界從西方的「物質主義」轉向東方的「靈性主義」。

西方工業革命之後，物品大量製造，人類的需求也不斷被創造出來，整個人類文明的發展中心位於西方國家；但在物質主義的秋季時期開始，整個人類世界準

人生整理的文明法則

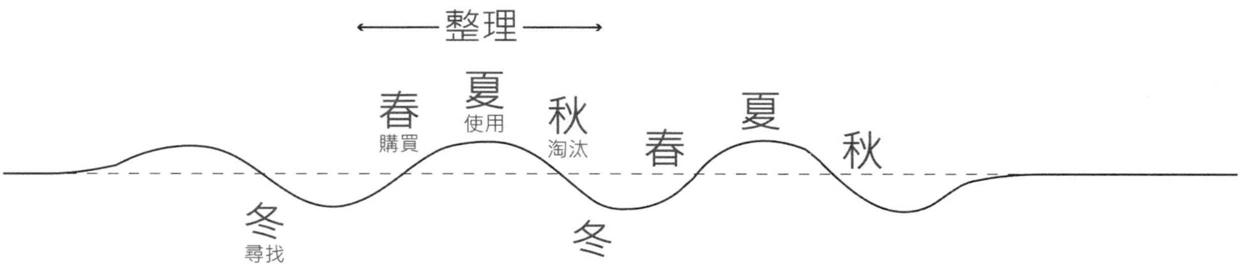
整理
冬
尋找
春
購買
夏
使用
秋
淘汰
冬
春
夏
秋

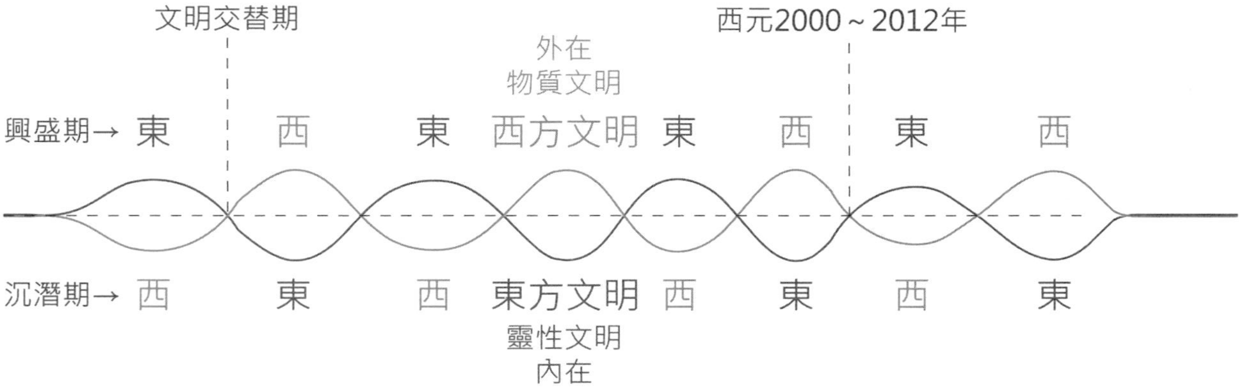
文明交替期
西元2000～2012年
外在
物質文明
興盛期→ 東 西 東 西方文明 東 西 東 西
沉潛期→ 西 東 西 東方文明 西 東 西 東
靈性文明
內在

備往下一個文明週期前進，所以開始有人提倡「不需要那麼多的物品」，或是從物質享受轉往靈性思考。這是個由外在轉往內在的遷徙，也是讓「整理」變成一個新潮流的原因，「放掉外在的事物」是宇宙與人類整體現正前進的方向與核心精神。

在這兩個文明的交替時期，會有許多混亂、秩序與想法尚未成形，還有更多的是前期文明思考模式與新文明方向的磨合。這就是我想要告訴你的，知識的可貴在於讓我們覺醒，知道自己做這件事情的原因，而非只是一直丟東西卻不清楚自己的狀況。

單純「丟東西」的整理，與向內看後才決定物品去留的整理，兩者完全不同。

看房間是乾淨或混亂，以及用心體會物品與空間的交流，這兩者也完全不同。上一個時代的物質文明，在意的是外在、快速及人類的舒適；現在邁入新時代的靈性文明，著重的是內在、覺察與萬物的共生。

人生的整理需要乘在時代的流上，隨著文明的流動韻律，觀察、思考並理解起心動念，是一種「當下的學習」，讓人類、物品與萬物共生，也讓星系、空間能量與土地相連。這樣的整理是為了讓每個人的視野變得更寬廣，然後體驗更多；享受幸福人生，並眞實的安住在當下。這樣的生活方式，就是「人生整理課」想要分享的。

共生、共享、共有

現在的我們剛好位於物質文明與靈性文明的交替時期，處在「想要擁有物質」或「囤積」，以及「想要丟棄物質」或「極簡」等多個擺盪當中，但是任何的極端都不是與萬物共生的方法。此時，我們可以靜下心來觀察自然，其實世界萬物蘊藏了很多智慧，正等著我們去發掘。

眞正的平衡，就是找到自己的定位，而每個人都有屬於自己的「適合」。

文明交替時期，萬物會處於混亂之中，會出現極端氣候，動植物也會跟著遷徙。如何在這樣的時代裡存活？或者，如何在這樣的時代裡也可以活得舒適？文明法則史學指出，在交替期會出現「群聚」行爲，大家不再是個體戶。細分人類的文明週期裡也有更多的小週期，就像是人類活動也在「群聚」↓「個體」的循環之間交替。

台灣在十大建設經濟發展時期，剛好是群聚行爲的「團結時代」，那個時代的青壯年人口（對社會經濟有貢獻的年齡）遇到亞洲四小龍經濟起飛時期，較著重家族之間的合作，並重視同心協力，購物的選擇方向大都出自可以用得比較久，或是可以傳承後代等原因，那是個珍惜物品的年代。之後的青壯年人口則是上個團結時代的兒女，他們追求「個性獨特」，想要享有團結時代的優勢，也想發展自己的特色，家裡充斥著自己購買的個人特色物品與上一代傳承下來的東西，是物品衆多的年代。

目前我們面臨下一個「團結時代」，是共生的群聚年代。每個週期的進展都會承接上一個週期的優點再進化，之前的團體行爲著重平等與平均，加上個性獨特的週期後，融合成現在邁向的「個體性群聚年代」——著重共生、共享、共有。

所以，人類行爲及商業模式會轉向團體購物、共同合作社，甚至是有共識的一起生活。物品從個別擁有的時代走向共享經濟，人們不一定要購買，但也可以付費使用到物品。

在這個分享、共有的時期，我們可以理解物品其實有很多面向。如果當下不需要了，可以選擇分享，而非丟棄。**丟掉物品是「個體」時代的思維，好好替物品找到適合的下一個去處，是與「群體」連結的學習。**

物品的排毒期

你說：「可是我以前曾不經思考的丟掉很多東西。」

我說：「那你需要的是花時間感謝那些物品支持你得到這個經驗，之後你在處理物品的時候，可以再多花一點心去想一想。」

記得嗎？**當下就已經是最好，所有的選擇也是最好**，沒有絕對的正確，也沒有絕對的錯誤。如果你開始理解，原來物品、自己與這個世界，甚至與這個宇宙有這麼深遠的關係，那你就可以放下擔憂。

你說：「但物品不是有靈性嗎？我怕它們會怨恨我。」

我說：「物品不會怨恨，那只是人的投射。物品只會無條件支持人類，並且記錄與播放。你感受到的怨恨不是來自物品，而是來自你自己。」

如果你想為它們多做一些什麼，對於那些曾不經思考就丟掉的物品，或是沒有好好說再見的人事物，可以試著運用以下方法。

「感謝過去」的步驟：

第一步：閉上眼睛，回想自己掛念的人事物或一段記憶，亦可聚焦在某個物品上，不用非常清楚描述，但需要很專注的在心中看見或感覺那個畫面。

第二步：看著那個畫面，做三次深呼吸。用嘴巴吐氣之後，再用鼻子吸氣（吐—吸、吐—吸、吐—吸）三次之後，持續看著畫面，並盡可能的放鬆自己。

第三步：看著那個畫面，說**「謝謝你的支持，成就了現在的我」**，重複三次。

如果可以，請盡可能的發出聲音；如果無法，就請在心裡默唸。當你覺得回到內心的平靜之後，就可以慢慢睜開眼睛。

以上步驟在任何時間、狀況及姿勢都可以做，整理的時候若是有讓你掛念的人事物及記憶出現，請記得好好用這個方式感謝它們。

對物品的錯誤理解，我們需要排毒、清除它，並眞正的把力量拉回自己之內。

你說：「有些人認爲必須等到整理結束後，人生才能開始。」

我說：「事實上，人生一直都在一點一滴的向前進。」

你說：「有些人認爲房間的混亂影響了他的心思。」

我說：「事實上，只是投射在外面的情感大過於自己的信心。」

你說：「有些人不斷追求極簡。」
我說：「事實上，應該追求的是夢想，而不是物品的多寡。」
你說：「有些人認爲整理物品可以改變人生。」
我說：「事實上，你需要的是改變人生，而不是用物品來決定人生是否過得安好。」

案例分享

在居家整理協助時，曾發生兩種狀況：

・狀況一

每次我前往對方的住所時，都會被「拖延」在門口一段時間，總是有被案主拜託的其他人來擋住，讓案主可以「爭取時間」快速整理，以便對我交差。

・狀況二

當我進入案主的空間後，每次只要他打開任何一個有門、有蓋子、有收納的地方，都會說：「不要看，這個我還沒整理！」然後就匆忙的用東西擋住。在這樣的情況下，我都會深深的嘆氣。**整理是自己的課題，不是給別人看的，只有用物品來評價自己生活的人，或是用外表來展現自己生活的人，才會在整理面前緊張、恐懼及逃離。**

需要排毒的是，把責任放在外在環境的這個狀況。

把原因歸咎於物品、環境、其他人或是這個世界，那只是想要從外在找解決的方法，卻忘記眞正的問題是什麼？——是自己讓問題發生的，所以我們要改變的是自己。

不整理也沒關係，因爲需要整理的是——自己的內心。

愛，沒有不同

你說：「在文明法則史學裡，可以知道東西方文明的交替與人類的社會有關，那人們整理的方式，是否也須依其所處文明或地區的不同而適時調整呢？」

我說：「『調整』是需要的，但整理的方向並沒有不同。例如台灣人居住在台灣國內與台灣人居住在歐美地區，兩者整理的方法與選擇的物品一定會不一樣。」

所以，不同的文化環境會需要更多元的整理方式，或是讓視野更寬廣的整理方法，本質上相同，但看待事物的角度會不一樣。而人生整理課對於每樣物品的整理會依據其與天候、星系、自然土地連結的方式，提供思考的激發，並不局限在「丟掉物品」而已。

案例分享

曾經有位媽媽請我提供居家整理協助。

她說：「我已經看過很多整理書，也照本宣科丟了很多物品，但似乎很快就打回原形，一團亂。」

我說：「因為你家的櫃子跟書上不同，你的使用方式跟書上寫的不同，你的人生跟別人也不同。**真正的整理，不應該僅著重方式及技巧，而是往內心尋找，理解自己的需求，才能夠有屬於自己的舒適。**」

每個人都是獨特的，但「愛」沒有不同。愛自己的人生、愛物品，並讓物品支持自己，這樣的學習就像宇宙的道理一樣，我們要看到的是更大的原則及更偉大的自己，而不是把自己局限在某個地區或某種收納方式中。

人生整理課的「借力使力」是要讓自己理解自己，並放掉那些困擾自己的東西，還有鬆動那些不屬於當下的壓力。當自己乘在時代的流上，就能夠以舒適及優雅的方式前進，不需要痛苦的丟，也不用含淚捨棄，而是更加明白且珍惜的使用物品，或是送它們去旅行。

螺旋與平衡

陰陽太極與文明交替，靈性與物質相對，就像是有火、有水、有男人、有女人，所有事物從一體分成二元，再變化成四季，不斷發展，不斷延續。就像是人體的ＤＮＡ一樣，所有事物會在螺旋軌跡上交錯，如同太極陰中有陽、陽中有陰，沒有絕對的白，亦無絕對的黑，所有事物都有自己的平衡。

靈性文明裡亦會有靈性與物質的交替週期，人類的團體行爲也會出現群聚與個體化的交替，就像因果循環一樣，牽一髮而動全身。

人生整理的螺旋圖

俯視圖

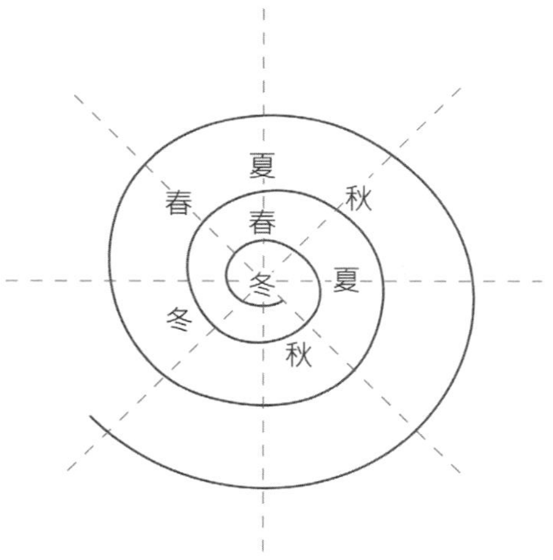

側視圖

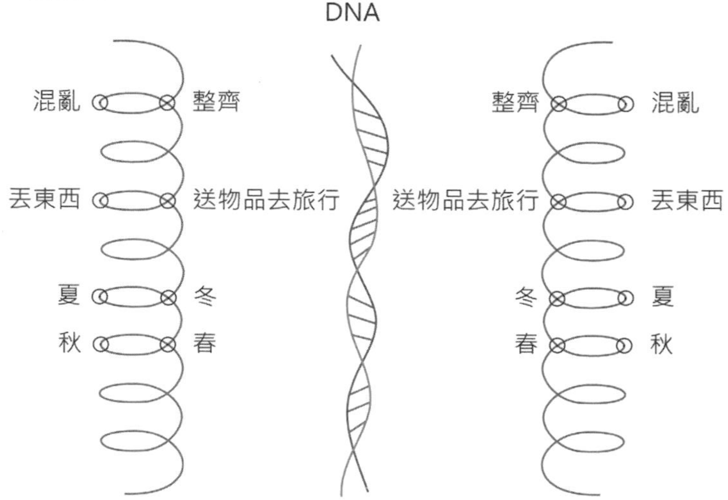

宇宙裡所有律動都會跟著「循環」「旋轉」，例如：氣流（風）、水流、火焰，也包含人的行為。

當我們在使用一樣物品時，就是在跟製造物品過程中的所有生靈連結。當我們送一樣物品離開時，我們與它去的地方及遇到的情境也會有連結。

所以，當我們開始整理時，便會跟物品的所有創造者交流與接觸，產生共振，並在看不見的世界中繫上一個隱形的結。我們做的每一個決定、起心動念，以及如何對待物品，宇宙都會如實記錄，而重複播放時，人生中的每一個相關人士都會感受到。這樣的振動頻率是藏不住的，不是物品整理乾淨或整齊後就感受不到了。

讓我們一起好好面對自己的內心、整理自己的人生，如果沒有眞實面對那些藏在物品內的故事，它們就會躲在我們的身體、內心或生活中的細節裡。

不是不用面對，只是何時面對。

人類的歷史就這樣重複播放循環著，一直到有人發現可以用更長遠的方式來生活後才會清醒，不再汲汲營營的被命運牽著走，而是掌控命運，並超越命運。用整理來看到自己的定位，並超越狹隘的視角，讓自己的觀點不受時間限制，用知識提供更多角度，來讓自己的人生最大化。

第二節　空間能量與神聖風水

在這個靈性文明的流動中，一些古老智慧的靈性學習又會再次出現，宇宙會融合並進化到適合現在的方式。所以，該如何與空間、土地作最好的搭配，會是重要的學習。

大多數人都聽過風水，也聽過能量，但很多人不理解或是誤解了這個與生活息息相關的學問。好好的理解居住空間及自己的家，就像是好好理解物品的意義一樣。接下來，讓我們一起探討與整理空間很有關係的風水學。

堪輿術

風水，是古代的相地之術，是觀察地理的方式，稱爲「看地相」，又稱堪輿術。原本的功用是尋找適合的地點做爲宮殿或陵寢，之後經過不同派系發展，現今的風水以調整居家、工作地點以達成「居住者的目的」爲大宗。

一般的風水術會更改住宅配置、大興土木或是放置特定物品，以達成所謂的好風水。另外還有宗教或是身心靈的派系，運用能量、咒術（聲音）、符號（圖騰）、儀式等來調整空間的狀況，以支持居住者。大部分的風水是找出環境（房子）的問題，運用方法或技巧去修正及調整，以達到需求，無論哪個派系都是以調節「天、地、人」之間的關係爲主。

中國晉朝學者郭璞《葬書》是最早出現「風水」一詞的記載：「氣承風則散，界水則止。古人聚之使不散，行之使有止，故謂之風水。」白話文的意思就是：「氣」遇到風就會散掉，遇到水就會停止；所以古人利用一些方式讓「氣」凝聚不散掉，可以運行並不停止的方法就是風水。

在不同的時代有不同的稱呼，而風水也發展出不同的派系，各自著重不同的方向。另外於宗教或身心靈及不同文化運用時，也會加上神聖、靈性、能量或薩滿等字詞，但其實都在講同一件事情，而實際上，其本質也是同一件事情。

「風」指氣氛和場域的能量，「水」指流動和變化，而當中提到的「氣」是指好的氣場，代表充滿「生」氣，讓萬物可以生存得更好。所以，風水是與自然的氣協調，並調整與環境的和諧；而**整理，是校準物品與人之間的和諧**。所以，整理與風水若可以相互使用並融合，就能創造出平衡的空間。

讓我們把兩者合一的**「整理風水」**步驟歸納如下：

第一步：思知識

「思」，思考狀況、理解資訊。知道居住環境（房子）的地理狀況，依據需求去了解使用的人、動物、植物，包含相對應的土地、方位與星相等，這些都是可以經由知識及學習而更加理解的資料。

第二步：看形體

「看」，觀察形體，亦即可以從肉眼看到的形態。從微觀物質到覺察空氣，並宏觀環境與天地。當理解知識之後，就可以更加觀察到眞正的環境狀況，進而明白的看，清楚的了解。

第三步：辨推斷

「分辨」，使用邏輯去推斷適合的狀況，理解肉眼看不見的形態。理解天人合一且陰陽流動，回到內心，眞實面對當下所有的狀況，並從中看到本質，找出眞正適合所有居住環境及相關存在物體間的和諧。

每一個物品，都可以一起使用這些步驟加以整理。

當我們更理解風水之後，就會知道它涵納了許多學問，綜合了地質地理學、生態學、景觀學、建築學、倫理學及美學等，是一種充滿知識與智慧的結晶，所以並不是敲打房子的隔間，或者以任何能量擺飾、靈性符咒、神聖符號、大師加持就可以取代的。風水眞正的「能量」沒辦法算出來，也沒辦法做出來，更無法靠整理物品就能夠產生。**所有的外在之物都無法取代內心的力量**，因爲風水的原理其實就是「心生萬法」，「人」才是最重要的風水。

而整理最重要的核心就是將外在力量拉回內心，「你」才是最重要的「氣」。

風水與人的關係

許多人會想要整理與做風水，其實都是來自同一個原因——**「讓自己的狀況變得更好」**，其理由都來自「改變」「更好」及「往前進」。這是宇宙的本質，也是冰山下隱藏的部分，所有的情緒及囤積的物品，那些誤以爲是愛自己的錯覺，都來自演化跟進化的提醒。

「生存」讓我們需要擁有物品，而「生存」也讓我們想要運用風水。所以眞正的風水是人，重點在於回到你自己身上，所有的「氣」及「能量」也是在你之內。

藉由碎形理論可以得知，萬事萬物是宇宙的縮影，所以居住空間也是一個小宇宙。整理風水是要以理解萬物共生爲前提，不僅是居住者，而是與物品、氣流、土地，包含看得見與看不見的存在，並與星系及宇宙交互作用，產生出和諧的旋律。

眞正的和諧不只是丟東西或增加東西，也不只是改變房子的格局就會產生。還記得我持續提到的觀念嗎？——**現在就是最好，不整理也沒關係**，如果不是，宇宙與神不會讓這件事情發生，居住環境也不會變成這樣。

你說：「可是很多人說更改房子風水就可以改變命運。」

我說：「所以你覺得命運會掌握在『要不要打掉一面牆』上？」

舉例來說，你覺得桃花運不好，而風水上看來可能需要更改一面牆；但你不知道的部分是，你因爲這面牆多了一個安靜的空間，也因爲這個空間，讓你有更完整的休息，可以睡得更好，氣色也變得更好，因此脾氣也變好，當然桃花運也就提升了。風水的改變的確是讓人變了，但眞正要面對的是「沒有好好休息」這件事。看清楚讓自己改變的關鍵，而不是把更改風水後的格局當做力量的來源。

你說：「可是我放了風水師說的水晶、圖騰、符咒後，生活眞的有改善啊！」

我說：「事實上是有可能的，就像去森林、海邊、美術館，某些觸動心靈之物的確會讓心產生改變，但前提是你的意願。」

放某些物品在房間內，的確是有些作用，但那個作用只會產生小小的漣漪，並無法改變需要面對的「業」，而「業」才是所有行爲的記錄與播放。需要改變的是心，記得，**「你」才是最重要的風水聖物**。

起「心」動念所產生的振動頻率，是人的第一個風水。

所以，調整風水其實是讓自身改變振動頻率，讓自己改變自己的記錄與播放，讓物品及環境可以眞實的支持自己往前邁進，而不是局限在某一處聖地或某一樣物品及符號。

眞正的空間，是從人的心到萬物的本質之間。風水不應該只有一種答案，也不會只有一種方法。每個人都可以使用風水，這不是特殊能力，而是一種與萬物共生的生活方式；這樣的過程不是在尋找解決方法，也不是在尋找答案，而是從過程中獲得智慧。**眞正的答案並不存在，因爲從來都沒有眞正的問題產生過**。

機能與形體

現今人類的居住型態，以建築理論可區分為「形隨機能」「機能隨形」兩大類：

．**形隨機能**（Form follows function）：指形體呈現的形狀來自於所需要的機能模式，「形」（Form）也可以使用為名詞的「形式」或動詞的「形成」，最後成為形狀（Shape）；而機能的根本來自於責任，滿足穩固安全的使用需求。

．**機能隨形**（Function follows form）：先訂立形狀的風格樣式之後，讓使用需求的機能隨著形狀更改而變化。

簡單來說，兩者追求的目的不同，不論是建築方式或相關的模式。「形隨機能」偏重的是使用感受，依據功能性來形成；「機能隨形」偏重的是視覺感受，在意的是裝飾及風格。

從人類的居住行為模式來看，我們從小的行為是依據自己的需求而產生，物品是以讓生活「方便」為主，根據一個人的所需，他自己會選擇適合的型態或機能方式。而經過教育及社會化之後，集體意識會與自己的生活行爲產生交錯，從「形隨機能」改變爲「機能隨形」的機率較大，或者是兩者融合。

而在自然界當中，動物、植物依據「生存原則」呈現出自己的生活空間，一直都是「形隨機能」。所以我們也可以說，「形隨機能」是天性，而「機能隨形」是社會化的產物。

形隨機能不反對裝飾，但須符合機能或結構的需要，追求理性與感性的融合，是所謂的有機建築，是一種有機的生活方式，就像《易經》中所提及：「形而上者謂之道，形而下者謂之器。」「道」指的是一陰一陽，陰陽雙方的交替運動，隨著世界萬物變化的規律而循環；「器」則是指有形及具體的事物。

現在的時代，眞正適合「天、地、人」的居住方式已經從追求形式（物質文明）轉向機能主義（靈性文明），並需要眞實的理解「機能」對於人類而言是什麼。要能夠理解眞實的自己及萬物共生，才能知道什麼是「機能」。這就是不偏向「道」也不偏向「器」，而是更融合的平衡，且符合自己的需求。

就像我一直提到的，其實每個人都是用「最佳的生存本能」在過生活，不論居住的空間是哪一種，重要的是生活在裡面的自己開不開心。整齊因人而異，所以機能需求也因人而異，我們需要看見的是自己的眞實，理解自己的生活所需，**並非只追求看起來的形式，而是還要體驗感受上的舒適**。從中會得到平衡，而有著和諧的生活，這樣就會有恬靜的喜悅。

形隨機能的思考方式衍生出非常多不同的派系，其中一個就是跟整理概念很有關的——少即是多的「極簡主義」，去蕪存菁並堅持機能，是一種「空間的追隨」，只留下需要的，捨去想要的，連怦然心動之物都放手，著重單純、簡單、寂靜。

另外一種是「時間的追隨」，是平衡理性與感性，除了當下所需的機能，也留著未來的餘裕，不論是裝飾或需要的改變；著重機能本身的「責任」，並有著可持續發展性。

循環與平等

回顧你以前的生活，喜好是否改變了？穿衣風格改變了？喜歡用的東西也改變了？事實上，大部分的人在求學、工作或經歷人生階段的轉換後，都會開始改變身邊的物品，因爲過去購買的物品已經無法支持自己的現在。

而那些不會再使用的物品去了哪裡？——可能放在家中的儲物櫃，也可能丟掉了；然後，在人生的某個階段，突然發現自己需要「曾經的那個物品」。不知道有多少人曾經歷過這個狀況？因爲「流行及需求都是一個循環」，就像自然界的四季變換一樣，周而復始。而生活方式也是一樣。

所以，**人類的行爲其實就是繞著天地的法則、陰陽螺旋及文明交替在運行**。

你說：「原來我可以翻媽媽的衣櫃穿她年輕時的衣服來跟隨流行，就是這個原因啊！」

我說：「是啊，物品本來就是一種循環模式。」

你說：「但是，我不想留著這麼多東西等著未來使用。」

我說：「是的，這就是爲什麼需要學習『共生、共享、共有』。」

可以做到共生、共享、共有，就是所謂「可持續發展」（Sustainable Development，簡稱SD）的生活方式。可持續發展又稱爲永續發展，意指在保護環境的條件之下滿足現代人的需求，又不損害後代子孫的生存空間。

在整理當中，只要是可以再被利用的東西，就應該要流動到需要之處，而不是直接丟棄，因爲太多閒置不用的物品、太多被整理而直接丟掉的物品，造成了世界現在的垃圾危機；另一方面，經濟產業又繼續製造了更多物品以滿足需求，這樣的物品沒有被循環利用，反而讓過多的製造破壞了生態。如果我們不正視這個問題，只是持續以「丟丟丟」來整理，便會間接傷害了未來地球上的人類及動植物的生存。

現在，請好好的靜下心來想一想：爲什麼世界變成了現在這樣？

「因爲沒有平衡。」

對的，因爲資源分配不均，錯把擁有變成了占有。記得嗎？物品是拿來「使用」的，不是拿來丟，也不是拿來囤積的，而使用是讓物品來支持擁有者的人生，發揮物品本身的價值。要使用物品，而不是拿它來作爲情緒的藉口。

沒有循環的物品就像沒有流動的水，只是靜止，就算從別的地方注入了新的水，也只會造成漣漪，而不是有生命力的活水。

以居住環境來講，看得見的除了物品之外，還有人類居住都市的開發。在某種程度上，人類搶奪了自然，也剝奪了其他動植物的空間，過度的開發與自然萬物並沒有平衡，所以出現了空汙、乾旱、暖化與地震。就算是調節天、地、人的風水，也常常侵占自然——爲了有好能量的住宅或墓地而開發成人類所需要的狀態時，也同時破壞了原本的土地。

這些生態浩劫都是人類自己造成的。記得嗎？你如何對待物品，這個世界就怎樣對待你；人類如何對待自然，自然就怎樣對待人類。劇作家泰德．佩瑞曾寫道：「他們把母親大地、兄弟天空當做可以買賣、劫掠的東西。這種態度，就像貪婪的狼犬將富饒的大地吞食，徒留荒漠。」這是節錄自《怎麼能出賣天空》（*How Can One Sell the Air*）的片段，也是他受印地安酋長一八五四年的《心靈宣言》啓發而寫出的字句。這是白人購買紅人土地的故事，表現出住在森林裡與大地共生的美洲原住民無法理解白人爲什麼要花錢購買無法被買賣的自然。

人類最大的聰明是統治了地球，而人類最大的愚昧也是統治了地球。

人類忘記了，這個世界在有自己之前是生生不息的，也忘記了有自己之後的世界該有的天然循環。土地、風水、能量、氣，這些都來自於天地之間；房子與物品，則是人類智慧的結晶，應該是讓它們支持所有物種，而不只是支持某一個人。我們都是一體的，不管你有沒有看見；我們都是平等的，不管你有沒有發現。這個世界上的空氣、陽光、雨水、風，都是公平的分配，沒有任何怨言，也沒有任何比較，每一個自然、生靈、物品都同等重要。**自然萬物循環不息，即是平衡**。

所以，在整理之前需要做的就是「感謝」，感謝現在的狀況，感謝物品一直以來的支持。破除那些錯把問題放在物品上面的假象，物品沒有錯，囤積沒有錯，灰塵沒有錯，這個世界沒有錯，你也沒有錯，問題是出在用了「不恰當的方式」去使用物品，還有「不是自己的眞實」去使用物品，以及「不明就裡的決定」去使用物品。

看見自己，我們是藉由物品整理人生，用適合的方式做平衡的事，活出生活的最大化，並活出人生的最佳豐盛。

永續發展

當人可以生活在隨著所需機能而形成的環境，並與天地萬物達到循環平衡時，就是好的風水，而這樣的生活就是永續發展。讓我們來想一想，什麼是永續？又要如何進行？目前永續發展的定義是由三方面構成：

1 **環境**要素：減少對環境的傷害——環境保護。

2 **社會**要素：滿足人類的需求——社會進步。

3 **經濟**要素：商業利益上的進展——經濟成長。

人生整理的永續發展

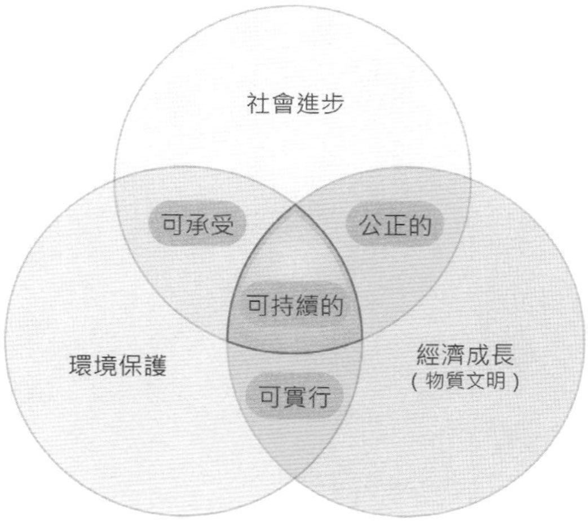

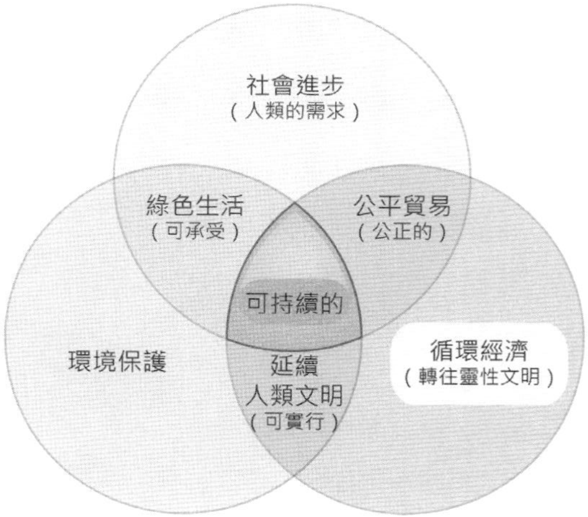

「物品丟棄行為」須符合「綠色生活」原則，「購買行為」須符合「公平貿易」原則，「可持續的」永續發展是包容、公義、共享。

整理需要涵蓋「社會」「環境」「經濟」三要素。

在環境與人類社會之間取得一個互相可承受的方式（綠色生活），並選擇讓環境與經濟可以發展的可實行方案（延續人類文明），而且人類需求與經濟發展上是合理、公正的（公平貿易），並且可持續進行的永續發展模式。這不僅是大環境的發展，而是要落實在每天的生活當中。

二十世紀的六、七〇年代，開始出現公共住宅與生態活動，有同樣目標的人群聚在一起生活，以降低對生態的影響，並以可持續發展爲理念的社區，稱爲「生態村」（Ecovillage）*。以改變不合理的消費模式、節約使用能源及物資、嘗試自給自足並與自然和諧共生爲主軸，實踐永續及尋求人類更快樂的生活方式，每天在生活中實踐共生、共享、共有，眞實的讓人類與天地循環。

永續的概念並不是丟棄東西達到生活極簡，也不是以購物讓生活更心動美好，而是更著重於理解所有事情的前因後果，並珍惜的使用當下的物品。

我們從來不是單獨的生活在地球上，我們在宇宙之間也從來不是孤獨的。

眞正的整理是讓現在的狀況變好，並放掉自私的自己，不傷害別人，不傷害土地，達到互相平衡。**知道一個物品離開自己的家去了哪裡，進而了解它是幫助這個世界，還是破壞這個世界；理解一個物品進入自己家裡會被如何使用，它是幫助自己前進，還是阻擋自己前進**。永續的生活是站在時代的流上，而不是被流行推著走；是能夠看到地球的變動及人類文明的交替，讓自己乘在進化與變化的流動上。而我們可以做些什麼？

- **「使用而不占有」**：好好的珍惜使用物品，並理解自己是使用物品的人，不是擁有物品的人。
- **「共享而不占有」**：明白自己是房子的居住者，但眞正的需求應該是理解萬物的流動，而不是緊握住好的風水與好的能量。

＊相關延伸為意識社區（Intentional community）、轉型社區、合作社（Cooperative）。

這樣才是眞的可以透過整理讓這個世界更美好。**我們從來不是只整理自己家裡就好**，記得嗎？眞正的空間是從人的心到萬物的本質之間，所以，**理想的居住空間無所不在**。所有的地方都是同一個生態，而所有的土地都在同一個現實之中，整個地球就是一個生態村，整個宇宙也是一個生態村。

我們做的每一件事、每一個起心動念，跟物品與萬物相同，都在不斷記錄與播放。**所以，不管是風水、形隨機能或永續發展，都是同一件事，就是活出人類最原本的樣子。從「我」到「我們」，不留住任何物品即擁有「所有」，使用任何物品即創造「所有」**。

若將「整理」兩字拆開來看——「整」，束爲綑綁，攵（攴）爲攻擊，正（征）爲合理合法，強力糾正；「理」，王爲玉石，里爲民居作坊，意指加工玉石使之有形。整理本身是以人爲出發點，使對應的物品完成自己的要求，所以我才說不整理也沒關係，放掉對外在的控制，才能讓能量轉往內在。對外就是對內，讓整理在內心發酵，並讓心得以流動。

放下對外在丟東西的需求，也放下囤積東西的需求，看見內在眞實的想法，然後看見自己、看見愛。這就是人生整理課，所有的人事物都是心的投射。

接下來，你準備好要整理了嗎？

第三節　編寫夢想藍圖

終於要開始了，利用自己的特長，借力使力的走向理想居住空間。當我們整理內心時，需要全神專注的寫下自己的期望，就像是一種力量上的支持。接下來，我們會需要以下物品：

- **筆記本**：適合書寫及方便記錄的大小，適合你隨身攜帶爲主。
- **書寫工具**：順手好寫的筆，是否需要多種顏色可依據你的需求。

手寫可以讓手指的力量、肌肉的協調、眼睛的注視、內心的流動、腦中閃爍的思維……透過筆寫在紙上，就像透過大地元素的墨與樹產生了約定，也是與土地連結的重要行爲。爲什麼我會建議你用「手」去「書寫」，而不是使用電子產品記錄呢？因爲手寫的溫度與打字永遠不同，手寫就像眞實的擁抱，有每個人獨特的美。**人生需要的是看到自己的美，而不是依據同樣的規則。**

在這裡，請好好寫下你的故事。寫下你的文字就是一種向下扎根的力量，也如同整理是從「看見自己是誰」開始。

給宇宙一張夢想清單

我們首先要做的就是寫清單——屬於你自己的夢想清單。接著，請你拿起筆記本，翻到空白頁。

List 夢想清單

在這頁的最上方寫下你的名字（真實姓名），並標註今天的年月日，方便你在之後回顧時可以確認時間點。

接下來，你可以花點時間開始書寫，想一想什麼是你人生中的夢想，可能是具體的物質，也可能是想要達成的目標，或者是自己想要變成的狀態。如果你需要，可以點一盞蠟燭在旁邊陪伴你，燭火就像內心的光，可以讓愛完整。

當你寫好之後，可以再次確認所有內容。在此，我想附加說明——「請放掉自己的現在，請天馬行空的超越限制」。夢想清單不該只是依據你現在的狀態書寫，而應該是沒有限制、運用想像力的去發揮。**人生從來沒有「做不到」，而是你讓「無法想像」擋在你的面前**。

讓我們先把「限制」取出，謝謝它，並讓它自由。在內心想像你自己的限制站在面前，可能有很具體的形象或只是一種感覺，然後，我們一起看著「限制」說：

謝謝你曾經支持我，
謝謝有了限制，所以讓我有被保護的感覺，
謝謝你一直以來的協助。
接下來，我要跟著宇宙往前進，
邁向我值得擁有的人生。

〈放下限制宣言〉

說完這段話之後，請好好的深呼吸，回頭再看看自己剛才寫下的夢想清單。如果你需要修改或補充，就給新的想像一點時間。

完成之後，請看著它。我邀請你用專注的狀態，唸出剛才你寫下的內容。如果你看到這個邀請後內心有任何的抗拒，也許你可以回頭再把〈放下限制宣言〉好好的多唸幾次。透過自己的聲音說出來，是把夢想具體化的重要過程，因爲**聲音是一種情感的頻率，是這個宇宙的音樂，也是創造的來源**。

聲，是由震動產生，並透過空氣把波動傳達出去，這就是人的第二個風水。

我們說出口的每個字詞都是一種「氣」，這樣的氣構成了環境的定律。花點時間，好好的說出夢想，宇宙正在聽，我們正在創造好的風水、好的環境與更美好的自己。

創造美好事物的時間，永遠都值得，而且永遠都夠用。

何謂幸福人生？

許多夢想源自於對幸福的渴望、對快樂及自由的追求。我們爲什麼會寫下這樣的夢想，來自於「選擇」，也來自於「需求」。

我與「整理」最初的相遇，是在很久很久以前。從小我就很喜歡收納與整理，樂於把東西好好的擺好，不斷的試圖想將環境弄成自己想要的感覺。雖然如此，我依舊不覺得自己擅長收納，所以從國中開始有零用錢後，就會存錢買收納書，看著書上的照片想像自己可以如何進行。

而不管我如何努力，似乎永遠都達不到自己想要的完美，那時我唯一想到的原因是——因爲我不是擁有「自己的空間」。與他人共用的空間無法達到自己的喜好與需求，而他人對於自己房間的指指點點也從未少過。常常聽到別人說：「我覺得……」「你應該……」這些話聽起來很熟悉，不是嗎？從家人，到與朋友合住，總是有聲音一直告訴你應該怎麼「改善」；從學校的桌子，走到了公司的辦公桌，很多時候自己認爲整理得不夠完美，都是因爲有旁人存在。

當時，市面上的書籍、雜誌大多也以物品的收納爲主，對於什麼才叫做「好的收納」有一個明定的標準。而努力達到大家認爲的標準，是那個時代在整理上的重要指標。

隨著時間的推移，收納的花招、技巧、相對應的工具百花齊放。

我的人生中第一次面臨需要丟棄許多物品，是因爲「搬家」，體驗到原來東西就算可以用還是需要放手，因爲不符合現在的需求就需要放手。這也是我第一次感覺到可用的東西竟然會變成大家心中的垃圾。每一次在搬家或旅行中面對無法帶走的東西，都是一個「下決心放手」的過程，這樣的痛苦像是生成肌肉需要撕裂原本的肉一樣。

而因爲從小對空間的興趣，讓我在求學時期選擇了攻讀室內設計與舞台製作，面對更多的知識與美學，讓我對於環境的思維產生更多想法。當我搭上整理的風潮時，每一本書裡寫的概念都讓我如獲至寶。

當我一路丟、一路把東西轉換成我認爲心動的物品時，的確覺得越簡單、越乾淨的空間，心就越舒服；創造出一個好的能量場環境，心越穩定。然而，我似乎聽到一個小小的聲音在空間中對我大喊，但當時的我太熱中於丟東西的魔力，而忽略了這個聲音。

直到我開始與大衆分享整理這件事時，看著朋友在我面前做出整理的行爲，我當下感受到放手的美好，也同時感受到驚嚇。美好來自於創造出自己喜歡的空間，而驚嚇來自於我看到的畫面竟讓我感受到天崩地裂的吶喊，就像是人類在開發自然，用怪手抓起那些物品（像是對動植物），然後狠狠丟進垃圾桶，只爲了自己的需要。

這樣過於震撼的感受讓我思考很久，也開啓了我與物品對話的故事。我開始理解，原來每個東西都擁有生命。

所有的選擇與需求，原來不只是「我」，而是「我們」。

不只是人類，也包含了這個空間的所有生靈，那些看得見與看不見的。眞正的選擇需要更加愼重，而眞實的需求也包含更多面向，這樣認眞的態度，是與宇宙相連的過程；我們不是追求夢想，而是讓夢想因我們而生。

你的夢想是因你而存在、由你的狀態而被創造，所以你是誰、你想了什麼、你說了什麼都非常重要。宇宙就是記錄與播放，當你專注的寫下夢想清單時，你認爲的幸福人生都會變成現實——因爲每個心念都是眞實的。而我們身邊的物品、環境、人……都會不斷的展現出自己的心念，就像是所有點滴的思緒都如實播放。

我們需要看見的是每一個動作、每一個想法裡的緣由，這樣的覺察就會變成智慧。整理不是看起來舒適而已，而是一趟神聖的旅程，是每一個當下與自己、與萬物、與宇宙的相逢。

回家

確定夢想的目標之後，我們就可以開始思考居住環境的配置。什麼樣的環境可以支持自己走向夢想？請翻開筆記本的下一頁，寫出以下內容。

Question 思考問題

你認為的理想居家條件是？

可以寫得很具體或只是一種感覺，並記得最大的重點在於「自由的想像」。如果你可以好好的形容它，這個宇宙就會在某處開一朵花，慶祝這個夢想的綻放。

當你寫完，我們就來好好聊聊什麼叫做「理想居家」。

到底什麼是理想居家？每一個人的想法都不同，對吧？能夠符合你眞實感受的才是屬於你的理想居家，就是成爲你自己，而不是符合別人或社會價值觀所認定的完美。**眞實的美，來自於完整**，讓你自己完整，就可以讓自己的力量最大化，而對於完美的追求就像是下了局限的框，做了是非對錯的分水嶺。

生命會一直往前進，我們不用每一次都要做到最完美，你的所有選擇既是必然，也是當下最適合的發生。然後，我們就要準備「回家」，開始實際規畫你現在的居住環境，面對現實。

你說：「你不是告訴我要天馬行空嗎？爲什麼我需要面對現在的空間？我不是應該規畫夢想中的空間嗎？」

我說：「是的，天馬行空就像是飛翔在宇宙之間，而在走到那一步之前，我們要從爬開始，並學會走，然後才能跑。每一步走得扎實，在飛的時候就可以更順著流動。」

人生的功課就藏在你現在的居住空間內，與空間和物品的交流，還有看得見的人及動植物，以及那些看不見的能量，這些細細麻麻的聲音一直提醒著自己需要看見。讓我們來好好的實際規畫，請打開筆記本，在上面寫下你現在的居住環境。

「居家規畫」四步驟：

第一步：協助自己釐清「整體房子的空間感」

寫下你的居住現況：

・整體房子的坪數、房間及衛浴數量。

・是自己住還是跟別人同住？同住者是誰？包含寵物也需要寫下。

・樓層及使用的戶外空間（陽台、玄關外、停車位、大樓的公共設施等）。

可以約略手繪，若是有房子的平面圖會更好。

第二步：協助自己釐清「使用空間的連結」

將自己會使用到的空間標示出來，譬如自己的房間、客廳、廁所、廚房等，並標上分數，以及屬於私人（自己）或是公用（共用）。也可以製作一個簡單的表格來使用（如左頁表格）。

「私人領域」指的是自己擁有主導權力，通常以自己的房間與個人所擁有的物品為主；「公用領域」通常是與同住人共用的地方，可詳細在說明欄寫出共用

人生整理的居家使用空間

搭配 # 居家規畫步驟第二步使用

地點	狀態	使用分數	說明	備註
自己的房間	私人	6	因為不喜歡自己房間的擺飾，所以很少在家……	
客廳	公用	3	很偶爾才會在家於客廳看電視。（使用者：父、母、我與飼養的一隻狗）	

者。使用分數是以十分爲滿分，一分爲最少，請依據你使用的感受塡上分數，非自己使用的空間就不需要標上。

第三步：協助自己釐清「居住土地的狀況」

居住地的調查：

・寫下完整地址，包含鄰、里、巷、弄與大樓的名字（如果有的話）。
・是購買還是租借？
・居住地點的四個方位、太陽的日出日落（若有特別西晒的房間也可以標出）、風向（空氣流動的方向）。
・居家周邊的相關資料，譬如：城市公共建設（高速公路、河川、機場）、社會性建設（學校、醫院、郵局）、生活性建設（便利商店、超市、百貨公司）。

可以簡易手繪的方式標示周邊區域，若能把地籍圖拿出來看更好。

第四步：確認是否有其他物品留在老家

若你不是跟家人同住，但還有物品留在家人居住的地方，你也需要回到自己的「老家」做上述的第一、二、三步驟；若無，則可省略此步驟。

爲什麼我們需要做這樣的調查呢？因爲每一個居住空間跟每一個人一樣，都有著自己的個性，以及來自於土地方位、星系對應與使用者的關係，這也是「整理風水」提到的「思看辨」。

也許這樣的調查需要花一點時間，但你可以選擇兩種方式：

1 閱讀到此，可以暫時放下書，休息一下，接著請好好去做上述步驟，因爲真的動手做會比閱讀這些資訊來得重要許多。不論你花多少時間，我都會在這裡等你，接下來的旅程需要你開始與現實相連，這樣的整理才會更加精采。

2 把可以立即寫出來的資料先記到筆記本內，接著再繼續閱讀本書，但你必須給自己一個「期限」，在旁邊寫下「XX月XX日之前完成資料補充」。

你必須知道，一旦許下承諾就要負起責任完成它。

不論你花多少時間，那都是整理之路上的經驗。接下來的旅程需要你開始自我負責，這樣的整理可以更加深入。

上述步驟不需要做到完美，而是要讓自己覺得這樣的調查可以協助你更加理解自己的居住地。這些規畫是協助你看清楚「家」的定義，一旦能正確的使用「家」，就可以協助你看清楚自己是誰。家就像是一張藏寶圖，裡面有非常多的線索可以協助自己理解未曾發現的某個部分。

整理不是急著丟東西，也不是急著療癒關係，而是先好好的讓資訊呈現在自己的面前。這個追本溯源的過程，除了更加理解自己之外，還可能會開始看見家族血脈的故事。能夠讓自己發揮最大力量的根本來自於知道自己的眞實，而家就是一個最好的線索與支持。

人生整理課讓你可以眞的回家，回到讓自己放鬆的物質空間，讓物品、土地與行星支持你，也讓你的家族血脈支持你。回到地球上實體的家，並回到內心裡愛的家，然後發現**回家的意義是——原來所有地方都是自己的空間**。

自己的空間

心中理想居家的重要條件就是——「歸屬感」，心會自行認定這是否屬於自己的空間。所以我想先聊一聊，什麼叫做空間？我們對於空間的定義到底是什麼？

「空」：拆解為穴及工。穴為土室之意，並在土裡將整體拆開，一分為二；意指有人為的行為模式則稱為工，說明「空」為洞穴裡有人工處理過，我們解釋為某一個形體內部構造出「有」及「無」的空間，這樣的說明是指一種三維的狀態。

「間」：拆解為門及日。在門裡面休息，並可以透過縫隙看到太陽（日），所以「空」容納了「間」。而其實間與閒出於同源，是後來才分化，表示門裡面除了有陽光的進入，也有月光的流動。所以空間的眞實意思是指，在三維狀態裡與日月的平衡。現代人忘了「閒」，就是忘了與月亮交流的休息時間，只追求「空間」，而遺落了「空閒」。

所以，在「自己的空間」裡其實需要看到的是「平衡的力量」，理解自己，然後活出自己，任何地方都是自己的空間，而任何地方都是自己的歸屬。物質主義時代追求的是太陽與白天，追求工作效率的多寡；而靈性主義時代剛好是相對應的月亮與黑夜，柔軟與舒適的生活。

記得嗎？眞正的空間是從人的心到萬物的本質之間，除了物質、形象與整齊，更重要的是有「空間的心」，才能夠讓愛流動。自己的空間，就是有空間的時間，並與日月陰陽平衡，讓自己可以隨時隨地與身旁的萬物相互連結與支持。

你說：「我終於開始明白爲什麼我不喜歡待在家。」

我說：「這就是爲什麼大家渴望旅行，想要出門去咖啡館放鬆。」

你說：「是不是眞正舒適的空間就會讓自己有充電的感覺？」

我說：「是的，我們都希望有一個放鬆與重新歸零的理想居家。」

當我們與萬物相連、與宇宙同頻，便會開始理解不該只有「光明」，也需要有「黑暗」，就像日月交替產生了時間，有工作、有休息，有開心、有悲傷，有正能量、有負能量，有整齊、有混亂。

一個充滿生命力的地方會有四季流動，會有過去的痕跡與未來的盼望。人在四季當中經歷不同的感受，才能夠理解眞實的美在於完整。

一味的追求整齊或放縱囤積，都會影響流動；一味的想要有好能量、好風水，就像是只想要擁有夏天，並阻撓秋天的到來。房子是在我們之前、在我們之後都會有人使用的大件物品之一，它也會記錄與播放，人類單方面的想要更改、修繕、清除，以及淨化過去的痕跡、情緒與記憶，就像是白人進入紅人的土地大肆開發，卻沒有理解這個地方原本的故事。

好好理解自己的居住空間，就能夠明白該如何好好的相處。

有「愛」的空間是允許保留原本的痕跡，老房子、新房子都是好房子，尊重並理解因爲有了過去才有現在。我們需要正確的使用物品及正確的對待房子，好好的看清楚，家與你從來沒有裂痕，過去與你從來沒有傷痛；從來都**不需要療癒，因爲痛苦並不存在，只是人的執念讓思考產生錯覺，認爲痛苦存在。**

我們需要整理是因爲可以從中看見適合自己的方式，走向更舒適的生活。

我們都是宇宙的孩子

我們身在這個地方，生活在地球上，從宇宙源頭到人類的軀體，我們做的每一件事、每一個心念都跟宇宙有關，也跟萬物相連。對於神來說，對於宇宙而言，每一件事情的發生都是「美」，也都是「好」，而當人類不能理解自己與萬物相連時，便會覺得需要某個標準才是「整理」、某些行爲才是「神聖」，或是要做某些調整才是「豐盛」。

我們都是宇宙的孩子，其實我們都生活在既神聖又豐盛的環境，不論任何時刻都是美好的。那些認爲自己「不夠好」「有傷痛」「沒辦法發揮」的念頭，都是來自於「控制」的局限，而不是安於當下，也就是許許多多的「認爲」（制約）讓自己無法舒適。

我們都是宇宙的孩子，意味著現在的所作所爲都能讓生命延續，我們只是忘了自己從何而來、該往何處去。這樣的「忘了」會導致看不見自己的定位，忘了自己是誰，忘了身邊有這麼多的人事物在支持自己。

在你不知道的時候，太陽與月亮給你需要的光與休息，風給你需要的氧氣，水給你需要的淨化，大地在房子底下給你需要的穩定，你的父母給了你身上的每個細胞與生命，我們能夠享受的所有，來自於前人的努力及看不見的耕耘。

整理不是讓生活變美，而是讓我們認出生活中的美。

人生整理是一項內心的工作，而外在的物品是讓我們運用的工具。**整理，是讓你在宇宙間看見自己，放掉那些錯誤的使用觀念，放掉那些控制及認爲有正確答案的念頭。**

讓心有空間，同時也會讓心有了空間；宇宙的小孩擁有的是完整，因爲整體包含了光明與黑暗，包含了流動，也包含了不完美。

第四節　創建個人定位

之前，我們已經許下一個整理的約定，宇宙已經開始慢慢的讓這個夢想成形。而在我們所處的現實內，該如何讓物質與時間走到自己夢想清單裡的人生中？其實，可以從現在擁有的物品看到向未來前進的軌跡。

請重新把焦點拉回到自己身上，好好的思考，我們跟夢想之間還有什麼不同？現在的我與未來的我差別在哪裡？我該如何走向未來的自己？

我們需要的是跨出第一步，展現「行動」。每一個人行動的呈現就是行爲模式，包含了心念、說出口的話、表情及動作，**我們的所作所爲就是人的第三個風水**。

在走到「未來的自己」之前，我們需要設定一個「更好的自己」，比昨天、剛才都讓自己更喜歡的自己。所以，我們要開始重新規畫自己，並眞正的愛自己。

放手的力量

如何讓自己變成自己更喜歡的人？首先我們要知道：什麼不是自己？什麼是自己不喜歡的自己？我們可以用以下幾個問題自我檢視。

Question 思考問題

‧為什麼你覺得自己的居住環境是混亂的？

‧你到目前為止無法整理的原因是什麼？

‧你有沒有無法下定決心放手的事物？

請翻開筆記本，好好看著這些問題並回答。若在書寫當中發現自己有任何的情緒起伏，也請記錄下來。爲什麼呢？因爲在書寫時，你可以用另一個角度觀看這件事情、這個情緒，這是協助你在整理之路當中覺察自己的方法。

物品、現實及宇宙在你還不清楚自己是誰的時候，依然不斷的在記錄與播放，所以我們需要好好的觀察。而**「觀察」就是看清楚事物原本的樣子，不加評斷，這就是人的第四個風水**。

綜合以上，我們可以理解自己的言行舉止與起心動念含括了人的四個風水，就是心（想）、言（聲）、行（形）、觀（察）。心念所種下的種子會在行爲裡面開花，這就是生活裡的修行，眞實的與天地融合，並從更寬廣的維度理解人生。心念的重要性，大過於我在本書裡寫了什麼，而心念的整理才是跟人生有直接的關係，所以讓自己的心好好沉澱，回答並寫下那些可以協助自己的三個問題吧。如果你寫好了，我們繼續聊聊這幾個問題。通常上述提問會產生的狀況分成兩大類：

第一類：牽絆過去

如果居住地有太多東西是自己無法決定的，可能就是「過去的囤積」讓自己覺得混亂，無法整理、無法放手。這樣的狀況通常有可能是跟家人同住，或是住在老舊的房子之內，居住者感受到來自於過去的種種情緒，無能爲力。

第二類：擔憂未來

對於居住環境的感受來自於沒有時間，或尚未準備好去面對需要做的事，生活的行程大過於想要整理的動力，所以繼續放任物品累積自己的情緒，堆積於無形，然後變成有形。可能變成「未來的囤積」，居住者容易感受到對未來的擔憂或焦慮，常常往外跑，且不願意待在家裡。

不管是「牽絆過去」「擔憂未來」或兩者混合，這樣的狀況都只是更加綑綁眞實的自己。我們需要好好的把它剝開，看看到底有什麼故事藏在物品背後。如果我們都能明白力量在自己之內，就會好好承認這些都是自己的「選擇」所造成的，眞正需要看見的是——爲什麼自己創造了這一切？

問題的癥結從來不在過去或未來，而是在這個當下，你怎麼選擇。

現在的你要怎麼做，才是最重要的整理。太多人就只是逃避了當下，把責任放在物品上，才會認爲自己無法整理，也無法放手。事實是我們自己限制了自己，緊抓著傷痛，並捏住了恐懼。

世界上有一樣最珍貴的東西，叫做「自由意志」。你的心念延伸出的選擇創造了你的現實，除非你自己願意，否則沒有東西可以影響你。當你放手讓不屬於自己當下的東西離開時，就會有空閒來開另一扇新的門。

人生會不斷的前進，生活環境與物品是支持你前進的能量，而不該是讓你頻頻回頭的阻礙。讓過去的故事與物品留在過去，而你會繼續向前。

接靈魂回家

當我們開始放掉那些誤以爲是自己的投射狀態，並鬆手讓那些迷霧及猶豫不決的事物離開後，屬於自己眞正的光才開始展露。

很多人在「想要看見自己」的過程中，花費了很多心力。有些人嘗試學習，獲得許多執照與頭銜；有些人遍尋高人，算了許多命、做了許多靈魂回溯；有些人除了自己的本名以外，還另外取了藝名，或是擁有不同語言的名字、暱稱、筆名，部分靈性學習的人還會拿到屬於不同派系的名字。

這樣不斷往自己身上貼不同名字的行爲，其實是認爲這樣的稱呼才能夠展現出自己的個性，或者才能夠支持自己。莎士比亞曾寫道：「名稱有什麼關係呢？玫瑰不叫玫瑰，依然芳香如故。」

眞正重要的是你，而不是你的名字、你的稱謂。

越多的名字與稱謂只會越容易讓自己迷失；越多的自我介紹、越長的職稱與經歷，越會讓你看不見眞實的自己。不論有多少面向，我們就只是自己而已，眞正理解自己的人不需要下拉式名片*與標籤，只是靜靜的存在就可以讓愛發光。一個人所有的經歷與內涵就在他自己之內，那些過多的名字與稱謂只是掩蓋內心的恐懼，滿足被看見的需求。

---

* 下拉式名片指的是使用大量的抬頭、職業、稱謂、執照、宗教或靈性認證介紹自己的人。

你說：「如何讓自己變成自己更喜歡的人？」

我說：「運用自己的自由意志宣示，成爲你自己。」

當我們開始理解自己的心念、明白自己所說的內容、看見自己的行爲，並觀察自己、接受自己、沒有任何評斷的時候，這就是眞正的自己。這個時候你會與自己的靈魂合一，外在的你與內在的你開始對話，你會與神相遇並創造新生，在內心的家綻放光芒。

請你再次翻開筆記本，書寫下列問題的答案。

Question 思考問題

你認為自己內在（形而上）與外在（形而下）的比例？

你認為自己的內涵重要，還是外表重要？或者，是你認為向外展現重要，還是往內探尋重要？向外也許是實現夢想，向內也許是達到平靜。
以十分計算，現在的你內在與外在的比例是多少？
寫完之後，好好的思考：在整理過後，你想要成為的比例又是多少？
沒有標準答案，因為每個人都是獨特的，每個人的不同就像是我們擁有不同的指紋。我們不會完全的外向，亦不會完全的內向；不是絕對的陰，也不是絕對的陽。我們都有自己的比例、自己的喜好與自己的認同。

當個叛逆的人

你說：「可是我不知道什麼是自己想要的。」
我說：「你不是不知道，你只是忘了。當了太久的乖小孩，然後忘記自己其實是個叛逆的靈魂。」

在文明法則史學裡，每一個新生的文明、新來的生命都是叛逆的，那些追求內心真實與渴望的人們衝撞對這個世界的不了解。這樣的人們不是不喜歡有制度的整齊，而是對於標籤化的不解，不明白爲什麼一定要照著規矩走，也不明白爲什麼要跟大家一樣。可能因爲這樣，才更喜歡回到自己的需求中嘗試，例如囤積，或是弄亂一切。

你不需要符合這個世界的爲什麼，就像你不需要符合這個社會的價值觀，所以不整理也沒關係，就當個叛逆的人吧。

如果做一件事不是你靈魂所渴望的，那整理是沒有用的。

整理、整齊、舒適……不應該有固定標準，而是可以隨著每個人的需求有不同的定義。只要你不想，就不要，自由意志的可貴就是我們眞的有「選擇權」，只是很多人認爲自己沒有。

案例分享

有位居家協助的案主是長年的憂鬱症患者，提不起勁整理，也因囤積而常常被家人苛責。某次的居家課程之後，他打電話給我。

他說：「我剛剛看著那些還沒整理完的衣服，哭了三個小時，連一件都沒辦法完成整理。該怎麼辦？」

我說：「那就放著不要整理，出門散步或是好好去吃個飯。」

他說：「我以為你會罵我，說不要繼續協助我了。」

我說：「怎麼會？反正物品會待在原處不會跑，你需要的是照顧自己，而不是勉強完成。」

掛完電話之後，他一直到下次居家上課前都沒再整理任何物品，但當我再看到他，發現他臉上開始有了笑容。他開心的跟我分享，那天說完電話後，如釋重負：原來他**不需要符合所謂的標準，只需要做自己就好**。

對我來說，這就是最好的整理。每個人可以開心的繼續人生旅程，就是最好的「整理之路」。

近年出現了很多絢麗的收納方式、看起來很好用的技巧，以及生活規畫的巧思，但這些眞的是你要的嗎？如果力量在自己之內，那眞正重要的到底是什麼？我也經歷過不斷捨棄物品的時期，不斷的丟東西，丟到茫然。這樣的過程讓我開始思考爲什麼要整理，我才發現，原來這些表象掩蓋了一個眞眞切切的重要事實。

我們做的事情是進入局限，還是打破限制？

重要的到底是最終呈現的居住環境，還是自己的心？丟東西究竟是新生活的開始，還是進入新的牢籠？難道眞正的自由會取決於東西的多寡嗎？然後，我似乎從這樣的疑問裡靈光乍現。

整理的意義在於用人的角度觀察這個世界，所以不是整理物品，而是整理生活——讓每一個人開始覺察人生及擁有物品的意義，發現每個行爲模式當下發生

時可能潛在的情緒及新的選擇。

雖然我使用的是「整理」一詞，但實際上，這是跟每個人本身有關的「覺察」。放掉那些外在的標籤，並打破那些局限的思考，**人生整理課是從心裡所想的開始，聽、看自己的言與行，只是觀察，而不加評斷**。放掉想要達成目標的欲望，細細的去跟每一個當下相遇。整理是一場馬拉松，是在走或奔跑過去的旅程中的一場學習，是抵達終點時才能夠獲得的智慧。

在生活中的每一個行爲裡看見眞正的自己，而「與心同在」就是愛自己的開始。**在愛裡面沒有標準、沒有別人，只有你與你自己**。眞正的整理，遠比人類認知的整理要深遠得多。

與內在小孩相遇

我們想要整理，是因爲想讓自己變得更好，也明白宇宙的前進就是會越來越好。

你說：「可是我不覺得現在有越來越好，反而覺得這個世界的走向不是我想要的方式。」

我說：「對，因爲宇宙說你需要放掉『想要』，才能看到美好的意義。」

這個「更好」的背後就像在冰山底下，還藏著許多東西。讓我們一起深呼吸，繼續往下挖掘。在我做居家整理協助及演講分享時，很多人在意這些事情：

「我要怎麼整理才會招桃花？」

「我要怎麼整理才會有錢？」

相關連的可能有：如何改善伴侶感情失調？如何讓感情加溫？怎樣才能升職加薪、人生一帆風順？只要有任何的「方法」與「技巧」，都很容易受大衆歡迎。

多數人想知道如何快速達成「有錢人」的生活狀態，所以想要模仿有錢人的居住環境，挖掘有什麼是自己可以做的。用自己的「想要」去產生行爲，以「交換」能夠得到的「利益」，所以相對應的風水、開運、招財、招人緣的物品就會被購入家中或丟掉，以爲買了這些商品、做了這些風水或能量就可以達到目的，或認爲丟了這些東西就不會被擋桃花或破財。說實話，只是整理、丟東西、做風水都無法成爲夢想中的那個有錢人。

因爲豐盛是經過時間的淬鍊，無法被模仿的；眞正要下功夫的是自己的修爲，而不是把焦點放在外在之物上。

所以當我遇到有疑惑的人，我會問對方：「你認爲什麼叫有錢？你認爲你喜歡你自己嗎？」拿著名牌包不代表你就跟有錢沾上了邊，穿上設計師的衣服不代表你就是帥哥美女，因爲重點還是在於「你自己是誰」。眞正的財富與人緣是累積在每日的點滴當中，身邊的人事物會不斷記錄與播放每個心念與言行，而「時間」就是最好的證明。

應該要看清楚的是：爲什麼「想要有錢」？爲什麼「想要招桃花」？這些想要都來自於內在那些「覺得不夠」的需求。每一個人的心裡都有「內在小孩」，這個小孩就是反映出自己覺得不夠的需求——因爲曾經有過未被滿足的經驗，所以在人生中就會不斷追尋。

所有往外尋求的東西，都是爲了填補內心的洞。

買東西犒賞自己、上課充實自己、旅遊玩樂放鬆自己，然後讓這樣的外在之物或經驗填滿了生活；而另外一個極端是丟東西清空自己、做療癒淨化自己、踏遍聖地找自己，然後讓這樣的外在之物或經驗清空了生活。

如果沒有靈魂的跟隨，不叫做生活。

內在小孩反映出靈魂上的學習與人生中的缺憾，每一個向外追求的「心念」在現實中都變成了相對應的人事物來提醒自己。如果我們可以好好愛每一項物品、珍惜每一個當下，對於放手離開的人事物都好好感謝，這就會變成最好的豐盛，每一份心意也會變成美好的愛，重新回到你身邊。

內在小孩並不是弱點，也不需要保護。就如同我們自己的家、居住的房子一樣，如果可以好好面對自己的學習，看見還有什麼需要調整與放手，就可以讓自己安心，並活在自己的定位當中。

那些保護及干擾，那些想要更正向、更豐盛的需求，都不是眞實的。我們不用爲自己的生活下結界，更不用爲自己的人生做任何外求，只需要回頭與自己的內在小孩相遇，看見曾經的自己，看見那些我們以爲困擾自己的問題，然後放下。我們就會成爲自己的光，也成爲別人的光；有你在的地方，就是最好的風水聖地，也是最美好的時刻。

看清楚你自己是誰，你就會看到宇宙的源頭，並與之同行。

身之美

整理之路就是這樣緊密的與周遭相連，每一點一滴都與自己的人生脫離不了關係，如果覺得「我已經整理完了」、不需要再改變，那就會一直停在那個時間點，而宇宙會繼續往前。所以，眞正的整理就像眞正的風水一樣，從來沒有持續永久的狀態，需要的是自己的努力。

5S管理法裡的**「教養」**也可稱為「紀律」，是與其他四項行為相輔相成且串連起來的重要因素，這個涵義在日文的漢字裡可以看出：「躾」（しつけSHITSUKE）由「身」與「美」兩個漢字組成，其涵義就是確實的養成**整理**、**整頓**、**清掃**、**清潔**的習慣，並探究更好的方法。「躾」會翻譯成教養或紀律，是因為也包含了需要遵守規定並規律執行，一旦有決定的方向，必須徹底遵守。

身之美的實踐方向在於教育，所以5S管理法呈現的是一個優雅有內涵的環境，而人的態度與整理、清理、使用物品都有直接的關係。

「態度決定一切」，所以記得明確定出你的目標，並讓這樣的方向成為你整理的核心，人的風水也是環繞在身之美這個意涵中進行。

第一個心（想）的起心動念，第二個言（聲）的語言頻率，第三個行（形）的行為舉止，這一連串其實就是一個理解自己是否有言行合一的過程。一旦展現出的外在與內在能達成自己認為的美，即能完整的活出真實的自己。

人生整理的5S管理法

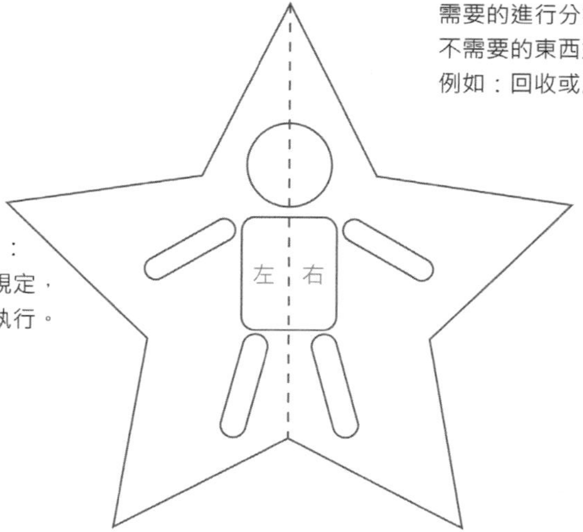

整理（SEIRI）：區分需要及不需要的東西。
需要的進行分類管理及保管，
不需要的東西進行層別處理。
例如：回收或廢棄。

整頓（SEITON）：
將需要的東西，
依據使用規定及需求，
明確定位放置與標示。

清掃（SEISO）：依據規定定期清掃環境，
讓環境維持適合的狀態。

清潔（SEIKETSU）：
養成隨時維持整理、整頓，
乾淨無汙染的狀態。

教養（SHITSUKE）：
理解整體的規定，
並確切遵守執行。

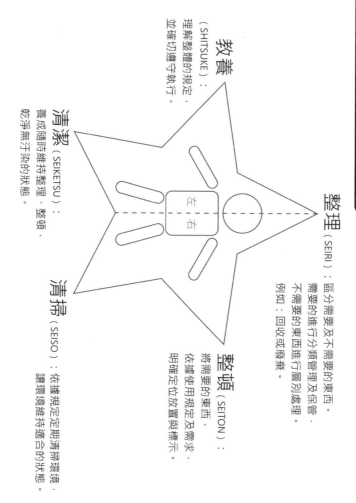

一個人的內涵、紀律，即是反映自身的教養與教育的本質。

然後，整理之路的流動會把我們推往接下來的道路——第四個風水，觀（察）的理解與放下。當內心平靜，智慧就會產生，開始看到混亂中隱藏的眞實，開始理解自己，看到「我」變成「我們」，看到自己的人性、執著與欲望，接下來就是走向「選擇」。

整理最重要的是能夠做出「眞實的選擇」，來自於你的心，而不是外在的聲音。

每一個選擇都是好的，都會帶領我們走向不同的道路；而每個選擇產生的覺察，都會變成你自己。每一步改變都是珍貴的，整理之路就是這樣引導著我們在生活中與神聖相連，你的房間與生活環境充滿了宇宙的奧祕與行星的能量。

不只是整理，我們正在創造人生。

第三章

整理的黃金法則

每一個人都有適合自己的整理方式，根據所產生的行爲，可分爲幾種：打掃淨化、物品歸位、收納、裝飾……而有些人將能量或風水也納入整理的一環，雖然這些是不同面向的事，但都與整理相輔相成。

對我來說，**物質是凝結的愛，而能量是飄散的祈禱**，所以看得見的物質與看不見的能量同等重要。所有東西都在不斷記錄與播放，其實不管看得見或看不見，在這樣的過程中皆會轉換形態，在我們的人生與生活環境裡出現。就像是來自於神的「灰塵」，那是「時間」與「愛」的能量交織轉換而成的物質，但很多人都不喜歡灰塵。事實上，若是沒有灰塵，這個世界的天空就不會是藍色的，也不會有彩虹，因爲灰塵是折射光線的重要功臣，有了它，光線才會柔和；而它吸收及反射色光的特性，讓世界有了顏色。所以，**灰塵是光的使者，將飄散的能量凝結成愛的物質**。

灰塵的另一個特性是「吸濕氣」，空氣中的水蒸氣依附在灰塵上之後才能凝結，沒有灰塵，這個世界就沒有雲霧，地球無法循環水氣，生物就無法生存。所以，**灰塵也是生命力的使者，讓萬物得以淨化與滋養**。

世界上沒有任何東西是「不需要的」，每一樣東西都具有多種面向，所以我們需要學習的是感謝與看見美好，需要整理與放手的是那些錯誤與無法支持自己的念頭。

接下來，我們可以從人類行為模式著手，找出無法整理的原因，找出人生中那些卡住或是不舒服背後的故事，**經由整理，看見每件事物對我們的愛**。

第一節　壓力的生成

現在是物質氾濫、資訊太容易取得的時代，在日新月異的生活中，現代人往往背負著許多壓力，這些壓力衍生出身體不適、情緒不穩、囤積東西……而壓力的發生也與這些狀況環環相扣。現今，壓力被定義成身體、化學或情感因素導致身體上或精神上的緊張狀況，可能的原因是面對不能應付或大量的挑戰及威脅，也有部分是遇到了難以適應的逆境，大致分成「外在」與「內在」因素。

- **外在環境因素**：感官上的影響，例如：聲音、光線、氣味、食物等。
- **內在生理因素**：身體上的不適，例如：疼痛、失眠。
- **內在心理因素**：情緒上的起伏，例如：生氣、恐懼、焦慮等。

如果可以看見壓力來源，就可以知道如何釋放壓力，因為**理解就是放手的開始**。

未竟之事

日常生活中的小事情也會變成壓力來源，讓我說說發生在身邊的案例。

當你在外面忙了一整天，回家開燈後，看到天花板某一顆燈泡在閃爍，然後你心想：「我要找時間換。」這件事就變成你心中及腦裡的「待辦清單」。隔天早上起來，你急急忙忙的出門上班，出門前突然又想起衛生紙不夠用了，想著晚上回家路上要記得買，待辦清單上又多加了一筆。

經過不斷累積，這些一直未處理的待辦清單會不斷耗用你的能量，這樣的小事就會轉變成壓力。有可能因爲雪球越滾越大，除了要購買的物品外，壓力也需要被釋放，就造成了下次購買東西時出現「多購買，多囤積」的狀況——除了眞正所需的量，多購買的部分其實是因爲情緒上平衡壓力的需要。

我們要看清楚日常生活中這些事情的重點，如果因爲太忙碌無法處理，不該是多囤一些備用，而是要找到「是什麼讓自己這麼忙碌」的原因。眞實的待辦清單藏在這些來不及換的燈泡與沒空出去買的衛生紙背後，待辦清單上有一條自己看不太清楚的其實是——「找出讓自己忙碌的原因」。

這些眞實的待辦清單囤積越多，可能就會變成物品或身體上的囤積，像是物品沒有歸位的凌亂或身體感覺不舒服的緊繃。動手做的最佳時機其實就是當下，只要狀況可以優先處理，就應該盡量馬上整理。

你說：「可是我有時候不想動，覺得好麻煩。」

我說：「那你有沒有想過『不想動』『好麻煩』從何而來？」

太多人困在同樣的迴圈當中，這個圈圈裡塞滿了過去的記憶，在曾經的當下並未解決，所以就用現在的當下去償還那些還沒抒發的壓力。直到有一天，你發現圈圈原來就在腳邊，你只需要抬起腳跨出一步，就能走出圈圈外。然後你才會看清楚，原來這些都是自己造成的，而生活上的勞累、物品的囤積、未說出口的話……都是爲了讓我們經驗並學習成長。

所以，你發現的那天，會是什麼時候呢？

・是你受夠了生活的時候。

・是你想要有個新生活的時候。

・是你想要成爲你自己的時候。

所有的未竟之事，都是在逃避「成爲你自己」，我們需要做的，是讓那些不屬於自己的信念離開，開始眞切的傾聽內心的聲音。

如果你因爲工作忙碌，就好好想想工作的目的是什麼。

如果你因爲家人忙碌，就好好想想與家人的關係是什麼。

如果你因爲愛情忙碌，就好好想想愛的感受是什麼。

任何的忙碌若沒有讓自己更開心，就只會有心亡的忙——失去判斷，而且讓心走向死亡。忙碌會讓人迷失，而且看不清楚眞正的目的。

我們需要好好在每個當下傾聽自己內心的聲音。

混亂的人生及生活空間就像雜草叢生的土地。事實上，所有的人事物一直在支持忙碌的自己，而宇宙萬物正等著你看見它們的那一天，當你願意開始處理手邊的小麻煩，那些困擾的壓力就會開始鬆動，然後崩解。

每一個我們認爲的生活待辦事項及小麻煩，其實都是可以靜下心來透過物品與自己對話的契機——清洗碗盤，就是透過水的滋養淨化自己的心；摺疊衣物，就是透過手的觸摸來放鬆自己的靈魂；打掃地板，就是讓雙腳可以穩穩站在生活中的支持。

每一件生活中的瑣碎小事，都是與神最接近的地方；每一個動作、每一個細節，都在與天地溝通、與靈魂共舞。這就是爲什麼打掃完可以感覺到輕鬆，因爲清理的動作就是讓靈魂與天地萬物產生對話與交流。

整理之路的「動手」就從「清掃」開始，好好面對清單上每一件未處理的待辦事項，正是走向理想居家、夢想人生的過程。就像是翻土、打地基，這樣的清掃非常重要。人生整理的清掃是依據自然萬物的流動定期打掃環境，並讓萬物維持平衡的狀態，這樣的行爲就是一種靜心。

「清掃靜心」的步驟：

第一步：放下腦中那些不屬於當下的念頭，例如「我沒有時間」「我不想做」「為什麼又是我做」，或是生氣、恐懼、擔憂的情緒。如果需要，可以做三個深呼吸，讓身體放鬆，並讓情緒及念頭流走。

第二步：開始處理應該執行的待辦事項，不管是換燈泡、洗衣服、拖地……就只是慢慢的做這些事，回到內心的安靜，並進行手邊的要務。這個當下就是你與物品的對話時間，不用特別想什麼，就只是「作」。若有任何情緒或念頭產生，你可以再次深呼吸，釋放它們。

第三步：感謝自己，並感謝物品。當你完成了待辦事項，可能只是一小部分，例如把水槽裡的碗洗乾淨，這時你可以休息一下，然後真誠的感謝。**謝謝身體讓自己完成這件事，謝謝相關物品支持生活的便利，最重要的是謝謝你的心——願意停下來跟你同在一起**。

這些步驟不需要花太多時間，但需要你的「專注」。清掃靜心可以在日常生活中的任何時刻完成，藉由物品來整理自己，例如：在你離開辦公桌去洗一個杯子的時間內就可以嘗試去做。在生活中，讓自己隨時隨地都能回到內心的平靜。

願意在生活中清掃的人，不管是不是自己的家、是不是自己的東西，他們的壓力都會越來越少，因爲他們懂得在生活細節裡回到當下，讓自己有靜默、獨處及安靜的時刻。在與自己內在聲音交流的時間中，我們會更清楚靈魂的指引。

可惜大部分的人因爲帶著情緒在清掃，所以東西只是記錄與播放這樣的情緒，而不是藉由清掃這個行爲與物品對話。我們需要好好的重新用正確的方式與物品交流，因爲這樣的打掃、清理就是能量上的淨化，讓物品可以藉由清理「歸零」，人們則藉由與物品交流來清理內心的壓力，並從中看見眞實的自己。

幽靈訪客

你說：「我有一些一直整理不好的地方，不知道應該怎麼處理？」

我說：「那表示你家裡有幽靈訪客。」

在待辦事項裡常常被忽略的物品，就是我稱之爲「幽靈訪客」的東西，大略有以下六種：

1 **回憶的夢中人**：通常是放在老家的物品，不在自己的生活居住範圍內。

2 **流浪的失蹤人口**：把私人物品放在不屬於自己的地方，例如：工作場所。

3 **家中的陌生人**：通常是不屬於自己的東西，卻放置在家中。

4 **未被翻牌的嬪妃**：帶回家卻又遺忘、未使用的物品。

5 **出不了門的旅人**：需要處理但一直未處理的物品。

6 **綁架犯與人質**：借出去未拿回，或向別人借用卻未歸還的物品。

每一個種類的幽靈訪客皆飄散在無法被定位的空間內，我們可以感受到它們，但又不一定能夠看得清楚，就像幽魂一樣，如影隨形。這些都是壓力的來源。我們可以藉由理解它們，來釋放累積在自己身上的壓力。

第一類：回憶的夢中人

已經沒有居住在老家，卻留有自己的東西未處理，也有些人會把不知該如何處理的東西帶回老家請家人代管，這樣的狀況通常會有「存在感」的壓力。未完成的事情其實來自於過去，可能是不想長大，因爲不願意承擔責任，希望得到別人的認同，所以有過多糾纏的人事物來自於「需要被看見」。

第二類：流浪的失蹤人口

因爲某些原因而把屬於自己的東西放在工作場所、別人家裡，不論是刻意放置或是遺忘物品代管，甚至是一起購買的物品卻遲遲未拿回……這樣的行爲通常來自於看不見的渴望及匱乏，未完成的事情來自於未來，因爲過多的擔憂讓內心有空洞，想要緊抓、控制。

從情緒層面的勒索，到以物品占據地盤的拿取，皆來自於「需要被關愛」。有時候物品主人甚至遺忘了這些物品，這些東西就變成未處理的回憶，等待著被發掘、被處理，而同樣的情緒也會回到物品擁有者身上，播放著「無法準備好」。

上述兩類物品有一個共同狀態，就是「損害別人的利益」，拿了不屬於自己的能量，占用了別人的空間與時間。

第三類：家中的陌生人

生活環境裡有不屬於自己的東西，無法處理或是難以處理。通常這些東西有可能是前面提及的「回憶的夢中人」及「流浪的失蹤人口」，會帶有某些人的執念，而代管人也常常會有一種無法呼吸、無法放鬆的感覺。通常這樣的狀況來自於「過多的犧牲」，沒有好好傾聽內心的聲音，容易感覺到受害與壓迫。

第四類：未被翻牌的嬪妃

對於帶回家的東西，不曾使用或是忘記使用，這樣的物品通常會有停滯的狀態，就像是時間被凍結的感受。會造成「不曾使用」或「忘記使用」，其實都是符合自己需求的提醒，可能是情緒性的發洩購買，也可能是認爲自己需要改變的購買，但因爲自己無法平衡與調整，才讓物品被閒置未使用。通常這樣的行爲來自於「覺得自己不夠好」。

上述兩類物品也有一個共同的狀態，就是「放棄自己的利益」，過度付出自己的能量，捨去了自己的空間與時間。這樣的行爲不是愛，而是自我攻擊，無法接受自己的好，也看不見自己的價値。

第五類：出不了門的旅人

那些需要送出去、拿去回收或需要修繕的物品，有太多「應該要做」但遲遲未進行的等待。每一個等待的物品就像是熄了一盞燈，不斷的提醒自己需要好好看看自己。這樣的東西囤積越多，就會讓人更加感受到「看不見未來」的焦慮。日常生活的小細節就是一個人的氣場來源，而「一直等待」就像是畫地自限。

第六類：綁架犯與人質

這樣的物品是超過了約定時間與平衡而產生的狀態，自己借出去，以及向他人借用的物品、金錢（或是未付清的款項）超過了雙方合意的狀態，就會產生這樣的幽靈訪客。若一直沒有處理，兩方就會一直有連結、有糾纏，直到某一方做出決定才會消失。這來自於「需要互相溝通」的學習。

你說：「原來幽靈訪客是我收拾不完的原因啊。」
我說：「它們其實一直是客人，卻長期居住在你家，只是爲了提醒你。」
你說：「應該要如何處理這些幽靈訪客？」
我說：「需要的是……你自己願意去面對。」

當你已經開始覺得想要過自己值得擁有的生活，就可以動手，對自己說、對空間說、對物品說……

我感謝所有的發生，
我感謝所有人事物的支持，
現在我要回到我的位子上，做我自己。

〈整理之路的完美宣言之三〉

釋放生活周遭的這些幽靈訪客，就是最好的減壓。讓它們回到應該去的地方，讓你自己有更多的空間與空閒可以回到內在；讓它們歸位，讓你自己可以看到自己的定位。

脈輪失衡

在生活裡，我們可以用感官去看、去聽、去聞、去觸摸，以理解空間的狀況。而有更多的感覺是來自於內心的感受，這些感受在身上不同的部位都是一種提醒。

我們身體裡有七個區塊，分布在尾骨到頭頂的中樞神經上，跟人的情感及心理狀態，甚至是健康都緊密相連；在可見的身體之外還有其他的區塊，是跟空間、行星、銀河、宇宙相連。不管是哪一個，其實我們都一直在溝通與對話，只是大部分人讓生活的聲音蓋過了那些靈魂的訊息。

而生活上的壓力可以從身體內的七個區塊去整理與調整，這些部位是身體上的能量聚集處，也稱爲查克拉（Chakra）或脈輪。每一個脈輪都跟人生及日常生活有

人生整理的脈輪

順序	名稱		位置	對應身體器官	對應心靈意義	對應狀態
第七	頂輪	思想	頭頂	腦下垂體、大腦、肌肉、皮膚	靈性、精神性、視覺、統合、沒有偏見	「智慧」
第六	眉心輪（三眼輪）		雙眉間	松果體、小腦、眼、鼻、耳	洞察力、視覺化能力、直覺、幻覺、透視、創意	「洞察力」
第五	喉輪		喉部	甲狀腺、口腔、牙齒、喉嚨、食道、氣管	溝通、人際關係、真實自我	「自我表達」
第四	心輪		胸部	胸腺、心臟、橫膈膜、肺、循環系統	善良、同情心、友善、情愛、允許、自我肯定、情感、溺愛	「愛」
第三	太陽神經叢		腹部	神經系統、胃、脾、肝、胰臟	自尊、行動力、社會性、理性、控制、侵略	「團體中的感受」
第二	臍輪（生殖輪）		脊柱末端	內分泌系統、腰部、腸、腎、生殖器	感覺、性徵、喜好	「情感」
第一	海底輪	本能	會陰	免疫系統、足部、骨頭、脊髓、直腸	生命力、本能、安全感、恐懼、緊張、求生意志	「肉體」

關，也跟人的風水緊密相連。

靠近身體底部的脈輪與本能有關，而靠近身體頂端的脈輪則與思想相互作用。當你的身體感到不舒適，就有可能是這些脈輪在工作，它們提醒你需要好好去看那些累積的壓力。不同種類的情緒所產生的壓力，都可以藉由相對應的脈輪位置去自我檢視。壓力其實在脈輪過度活躍或不活躍時都會產生，我們需要的是在每一個覺察的當下回到平衡，若是忽略身體的提醒，壓抑或憋住情緒，身體就會感受到僵硬與不適。

日常生活的每一個行爲其實都跟脈輪息息相關，人的風水也與身體上的區塊對應的意義互相連結。

人的**第一個風水是「起心動念」**，對應海底輪（第一脈輪）及心輪（第四脈輪），是學習分辨物質的欲望、想要及需要，跟自己原生家庭的課題有關。

人的**第二個風水是「語言頻率」**，對應臍輪（第二脈輪）及喉輪（第五脈輪），是學習情感與表達，跟自我價值的課題有關。

人的**第三個風水是「行爲舉止」**，對應太陽神經叢（第三脈輪）與眉心輪（第六脈輪），是學習尊重與和諧，跟人際關係的課題有關。

當我們生活中有太多未處理的課題時，脈輪就會開始失衡，壓力就此產生。

你有沒有想過爲什麼自己使用的東西容易壞掉、生鏽或發霉？因爲物品記錄了那些不平衡。記得嗎？物品做的是記錄與播放，**當偏離愛太多，物品就會崩解**。你有沒有想過爲什麼總是覺得很累、焦慮、玻璃心？因爲物品記錄了那些不平衡。每一個人的身體也在持續記錄與播放，當偏離眞實的自我太多，自己就會崩解，開始產生壓力，然後出現疾病。

這就是回到內在的重要性。不論外在環境如何，如果你願意停一下、等一等，好好問問自己的內心，就會得到內在的指引。

人的**第四個風水是「理解與放下」**，對應頂輪（第七脈輪），是學習與觀察，並只是安靜的看著。當心開始回到平靜，智慧就會產生。

收納是壓力的來源

當我們明白，那些未竟之事及不平衡的狀況會讓自己產生壓力，我們就可以在發生的當下做選擇。造成這些不平衡的原因，其實是我們常常在做的一個行爲——「收納」，這也是壓力的來源之一。我們從小都被教育要把東西收進儲存的地方，這是一個良好習慣，但自己是否眞的理解爲什麼要這樣做？請回想是否曾經發生過以下狀況：

狀況一：家中臨時來了客人，所以被家人匆忙要求把物品收拾好，卻因爲來不及整理，就先把東西塞到櫃子內。

狀況二：因爲有過多無法決定的選擇，所以先把物品都收到櫃子內擇日處理，或是放在可以堆積的一角。

狀況三：因爲存放空間有限，所以必須針對要用到的物品進行收納才能安頓，可能會延伸出很多收納技巧，例如：堆疊或擺放。

「收納」到底代表什麼意義？

「收」：捕獲、逮捕、拘禁，把散開的東西聚集在一起。

「納」：放進、吸收、將布料縫補在裡面，把外在的某物放進另外一個物品或團體中。

所以，收納其實是獲取物品在身邊爲己用的行爲，如果我們在尚未意識到自己是否需要這個物品前，就盲目的進行收納，只會讓東西越堆越多。若是不正確的使用收納技巧，就會迷失在表面之中，花心力去維持那些看起來美美的整齊——**囤積症者當中，有非常多人都很擅長收納**。

案例分享

我碰過一個很特別的居家整理協助狀況。當我走進案主家時，整個空間表面上看起來非常整齊，卻有一股非常沉重的壓迫感，就像是那些擺放整齊的東西背後藏著即將來臨的暴風雨。

案主在整理上的困擾是：「想要保留的回憶太多，現在的居住空間裝不下。」「一直想搬家，因為覺得一直沒有住到像是自己家的房子。」

我請案主打開抽屜或衣櫃，然後我看見塞得滿滿、收納得很緊密的物品，沒有任何一絲呼吸的空間，讓我覺得櫃子彷彿快要吐了。

他說：「可是每個東西都讓我很心動，我覺得我都需要，而且我都把它們整理得很整齊。」

然後，我看到的畫面是：一個三十歲的人背後站了二十九個他自己，每個人都跟我說「這些東西都好重要！」頓時我就明白了，那些沒辦法呼吸的感覺來自於「過去的囤積」，它們只是以好好的、美美的方式居住到在現在。

一旦你收納了過去，也就收納（禁錮）了自由。

我說：「讓我們想想，爲什麼需要收納？如果東西剛好夠用，我們不會用『收納』這個字眼吧？那再繼續往下想，何時需要收納？」

你說：「東西多到放不下時。」

開始收納的前提是東西多到放不下，所以要有收納的工具、方法與技巧。

你說：「那東西多到放不下的原因是什麼？」

我說：「因爲當下不需要，但爲了某些原因需要保留在身邊。」

事實上，收納不是問題，眞正要思考的是：**爲什麼需要那麼多東西？**那些被收納在櫃子裡的東西，即使在你眼睛看不見的地方，卻依舊在耗用你的能量。

而太多人收納之後就忘了使用，忘了那個被自己收起來的物品。因爲有收納這個擋箭牌，很多人就不覺得自己在囤積，只要漂亮的放好或收在櫃子裡就好。所以，「牽絆過去」或「擔憂未來」（P.141）的物品也被好好的放置在櫃子與心裡，就像是壓力鍋，不知道何時會爆炸。

就讓我們打破這個局限吧！放下那些「把東西或情緒都需要先收起來再好好消化」的舊有模式，如果你當下已經不喜歡，那就斬立決；如果你當下無法做決定，也許就表示自己沒那麼想要。只有練習「放手」，才能找出最佳方案。

你說：「那會不會丟錯？」
我說：「也許會，但若是不練習，人生永遠只能將就。」

眞正重要的是你的心，不是物品，也不是別人，而是你自己。

那個不是你的

人生中有太多壓力其實不是來自於自己，而是你無意識的捧著別人的課題，並錯把時間用在解決這些事情上。請看看以下字詞，將有感覺的打勾。

字詞確認表：

□淨化 □清理 □釋放 □迎回 □化解 □接回 □轉化 □取回 □療癒

然後翻開筆記本，找到你寫下夢想清單的那一頁，在空白處書寫以下問題與答案。

Question 思考問題

你至今還沒實現夢想清單的原因？

寫完就試著把答案唸出來，唸的時候請仔細觀察自己的感受，包含身體及心理上的，特別是可以觀察身體不舒適的區塊與對應脈輪的意義。

之前曾提到，壓力來自於「當下無法處理的事情」，所以我們可以理解為：那些「無法活在當下」的感受或狀態在自己身上累積過多時，就會成為我們認知的壓力。

無法活在當下其實來自於一個很重要的原因：沒有成為真實的自己──因為忘記了力量在自己之內，因為聽信了別人對自己的評價。事實上，那些身外之物都一直在提醒我們需要承認自己是誰，並真實的做自己喜歡、想要的事情。

如果你喜歡上述字詞確認表裡面的任何一個詞表示你可能沒有真實的活出自己，而且帶有壓力。所以，你還在等待什麼？人會喜歡自己沒有的東西，但等到自己成為了夢想中的人，就會放下對於不足的追求。

我們一直都是完整且充滿愛的，沒有任何過錯與傷痛，那些都可以在經驗後轉變成智慧。如果我們沒有把力量放在自己之內，就會把過去的記憶變成需要舔舐的創傷。

除非你自己願意，沒有任何外在力量可以影響你，那些久遠的記憶、家族的故事、舊房子的磁場及不舒服的能量，**都是自己與相對應的問題產生共振，因自己的意願而承接了那樣的沉重與阻塞**。

我們需要放下的壓力就像自己的投射，在空間裡看得到的人事物與看不見的情緒、感受、記憶與能量，都是爲了幫助自己而存在的，而壓力就是最顯著的提醒。

夢想清單與理想居家早就出現在面前了，能擋住你的，只有你自己。所以，放下那些不屬於自己的期待，放掉那些「想要快一點」的制約，就能夠成爲你自己。

整理之路就是這樣循序漸進，慢慢來，便可以眞實與心連結且享受當下。這樣的過程會釋放壓力，每一個開始願意動手的行爲，就是讓那些沉積已久的自己鬆動，開始願意面對每一件未處理的事項，就像是在幫心田翻土，讓舊有的能量離開，讓自己有更多的休息，並等待發芽。

第二節　界線的重要

整理時，若可以依循自己的心，就可以與萬物連結。而在靈性與物質交替作用的時代當中，有三個黃金法則可以協助釐清自己的所在，並擁有空間與空間的平衡方式，這些其實也是宇宙的構成要素、藏在日常生活中的智慧。

黃金法則一：界線（Boundary）

界線即劃分邊界的線，有了界線，世界才開始有不同的樣貌，因此開始出現區分，每個獨立的「範圍」才得以定位。界線的重要性在於「尊重」「平衡」與「多樣性」，所以界線是愛的輪廓，也是組成每個物品的分子，並成爲每個生活的片刻。

懂得界線，就是看見自己的開始。

留白

人生整理課中的第一個界線學習，就是「分配比例」。

如果你跟家人或伴侶有共用的空間，需要依據比例原則做每個人使用上的分配，而共用空間是依據人數來衡量。以下，來看看實際可能會發生的狀況。

情境一：當兩個人共用了一個房間，表示他們各擁有此空間一半的「相同權利」，而且每個人皆有屬於自己的範圍。假設使用同一個衣櫃，那就分別使用同樣大小的左邊及右邊，並從中間畫出一條分水嶺。

情境二：當一個家庭有三個人居住，公共使用空間就須劃分成三份，每一個人擁有三分之一的空間，可依據自己的權利來使用，並在屬於自己的範圍內放置相對應之物品。

上述的公共空間是指「會有不同居住者使用」的特性，例如：客廳、廚房、廁所、玄關、陽台等；若是分租的居住空間，是以租賃協定來區分私人與公共空間的總範圍。整理需要使用區分原則去分配空間，並畫出每個人的位置與界線。

爲什麼劃分界線如此重要？

因爲，每個人都需要自己的空間。

很多人的生活狀況是夫妻、情侶、兄弟姊妹共用一個空間，而衣服、書籍或其他物品都混在一起收納及使用，導致所有的情感、記憶、物品的記錄與播放都是重疊與交纏在一起的。若是彼此產生摩擦或吵架，當回到家打開衣櫃後，看到自己的東西與對方的東西又放置在一起時，便會產生更多聯想，讓情緒更加蔓延。

當有屬於自己的空間時，便會有屬於自己的喘息，得以在生活中放鬆充電。

你說：「可是有些人的東西比較多、有些人的比較少，一定要照人數比例分配嗎？」

我說：「是的，不管每個人擁有的東西有多少，都請放在自己的範圍之內，並且讓東西少的人有留白的權利。」

在這個世界上平均且平等的擁有空間、能量與物質，才能稱爲完整，任何一個人在分享共有的居住空間內都需要這樣的自由。有時候，「留白」亦是互相給予對方愛的方式。

畫出區分的界線，是「自我負責」與「尊重他人」的開始。

生活中常常會發生兩大侵犯界線的行爲，**第一件稱爲「盲目的愛」，通常發生在模糊與曖昧不清的容忍與退讓之間**，好發族群爲：父母與小孩、照顧者與被照顧者（患有疾病），通常爲不同輩分，這也就是爲什麼有些小朋友的父母會忙得團團轉。父母扶養小孩時，會讓小孩的東西堆滿所有空間，從客廳到臥房、浴室及餐桌，到處都是散落一地的玩具，而父母讓出了自己的空間與界線，累積了許多壓力，且無法呼吸。

給予小孩的愛，是因爲自己過多的退讓，讓父愛與母愛中夾雜了壓抑及疲累。並不是不愛小孩，是自己太累；而連自己都無法自愛，又怎能去愛別人呢？所以，被如此扶養長大的小孩對於愛會有很多不清楚的感受，因爲他分不清楚什麼才是眞正的愛。小朋友的東西如果占滿了所有地方，他就會覺得自己擁有了整個家，而一旦大人無法給予他想要的事物，他就會用哭鬧來獲取；然後，父母因在孩子還小時給了太多空間，那些過多的付出就會轉變成對小孩長大後的控制，這就是心的平衡機制。

那麼，如何讓大人與小孩從小就有良善循環的界線呢？

不論小孩幾歲，他都是一個完整的人，可以平均擁有自己的地方。讓他有自己的空間與範圍，有固定玩耍及放置自己東西的區域，從小就讓他們管理與收拾自己的區域。

父母在他們還無法自己動手的時候可以協助並執行「保管代理權」，但在小孩的每一個成長階段，都需要慢慢的還給他們。讓一個人可以完整的成長，就是讓他自己選擇，並自我負責。如果小孩長大到可以自己收拾，父母就不應干預或幫忙，在屬於小孩的空間內，他可以擁有自己的權利，也要盡自己的義務。而成年之後，父母與子女的關係就是平等、共有、互相尊重，沒有人應該多付出，也沒有人應該只享受，這就是「成年的意義」，包含擁有、負責、尊重與分享。

照顧者與被照顧者之間盲目的愛，與父母、小孩間發生的狀況很類似。通常被照顧者可能因爲疾病，需要堆積非常多的物品在家中，也許眞的是健康上的必需品，但若是占用了家中大部分空間，其他居住者也會有無法呼吸的壓迫感。照顧者通常也因爲過多的時間及能量與被照顧者纏繞在一起，大多沒有自己的空間，又該如何畫出界線及留白呢？——最好讓被照顧者的物品只放置在他的範圍之內，如果東西過多，就需要開始放手。當被照顧者無法自理及決定時，照顧者可以協助並執行「保管代理權」；若被照顧者意識清楚、可以溝通，照顧者可以經由溝通來執行整理。

其實，大部分的被照顧者最需要的就是被當成一般人對待，好好的用心溝通，就會看到彼此的愛。非常多的案例是兒女照顧年長父母或長輩時，因付出過多，讓整個家充滿沉重感，這絕對不是讓生活變得更好的方向。

眞正的照顧不應該是放棄自己的人生。家族的意義在於新生命的延續，我們需要好好的重新認識什麼是「家人」，才能明白愛的眞正意義。

協助整理被照顧者的物品時，建議以被照顧者「是否可能再使用」爲整理基準，其執行處理的物品通常爲衣物、鞋子與包包，這是大多數人在生病之後因身體健康狀態改變，最需要重新調整的項目。

盲目的愛容易付出過多，錯幫別人收拾了他自己應該要負責的東西。所以，當「保管代理權」的對象可以自己動手做時，也請放下想要越界的念頭，不要阻礙對方的成長，讓對方在自己的空間裡擁有自己的權利。不屬於自己的物品，我們只能做到協助，若是對方開口說需要幫忙，在溝通之後可以一起進行；若是對方沒有開口，就請放下自己助人者的企圖。

侵犯界線的**第二個行爲，叫做「勒索的愛」，通常發生在非平等關係的交流之**

間，好發族群爲：親密關係、兄弟姊妹合住、朋友合住，通常爲同樣的輩分。

在親密關係中，夫妻情侶之間常常會遇到某一方的東西比較多，另外一方就自願或是被半強迫的把自己的空間讓給對方使用。通常這些狀況都夾雜著以下情緒：

「如果你愛我就應該……」

「這樣做才是愛我！」

「不這樣做就是不愛我！」

某一方的空間被別人占用，大部分的理由都是扭曲、控制、不平衡的愛。

你說：「可是我是自願讓對方占用我的空間。」

我說：「你認爲這個『自願』是怎麼產生的？」

眞正的自願是完全沒有利益上的交流及不求回報的，非眞實的自願則來自於：

因爲你是我的誰誰誰，所以我願意。

案例分享

曾經協助一對情侶居家整理，當我一進到他們家，馬上就有天秤兩端嚴重失衡的感受。實際上，某一方的物品過多，另外一方的物品就只能夾雜其中，我看到的畫面就像是攀緣植物長滿了整個空間，看起來綠意盎然，但也覺得空氣稀薄。然後，我接收到的第一個訊息是：「他們會分手。」

物品過多的人往往會侵占別人的領域，用這樣的方式吸收別人的養分以讓自己強大，這樣的人背後隱藏的情緒通常是「看不到自己的根」；而願意被這樣對待的另外一半，有著「被需要」的課題，容易犧牲自己，並錯認是奉獻。

其實，在愛的關係裡沒有任何犧牲與奉獻，真實的愛是平均、平等、共有、共享的。

不論是什麼樣的關係，每一個人都應該保有自己的界線；不管是任何理由與藉口造成「侵犯別人的界線」或「被別人踩入界線」，都是一種提醒，一種看見自己的方式，藉由這樣的經驗去理解自己的輪廓。

就像手足之間的平衡，太多人在孩童時期被告知要照顧、禮讓兄弟姊妹，在不清楚什麼是眞的照顧與禮讓之前，就被大人要求要這樣做。

在還沒眞正理解自己之前所做出的選擇，造成有些人永遠被勒索，而有些人永遠寄生於別人，這是情緒勒索的循環，而不是愛。家人之間發生的狀況也會同樣出現在親密關係、朋友、工作夥伴之間，不斷的發生，直到我們學會這個課題。**我們可以爲自己留白，而且不需要分享**；若是連自己都照顧不好了，那些給出去的愛只能稱爲殘缺。

這就是對愛的誤解。**我們需要重新認識自己，並把尊重自己的心放在最前面，只有眞的自愛，才能從「愛我自己」變成「愛我們」。**

公共空間的定義與使用

當你理解自己的界線需要劃分之後，就要開始向外釐清居家公用空間的界線。

首先，要先明白私人與公用空間的區別，以便畫出領域。

通常私人領域爲自己有主導權，大多以自己的房間爲基準，另外也有可能是書房或工作室這類屬於自己的空間，其範圍會由每個家庭成員共同協調訂出。扣掉每個人所屬的房間之外，大部分的居家區域都是屬於居住者一起使用的公共空間，例如：玄關、客廳、餐桌、廚房、廁所、陽台等。這些公共空間的領域，屬於按居住者人數比例分配的範圍，依據自己的權利可以在每個公共空間使用自己分得的區域，放置自己的「相對應」物品，例如：玄關可以放置自己的鞋子、廚房可以收納自己的專屬餐具或食材、陽台可以放置自己的盆栽或晒自己的衣物。

而共用物品與私人物品的差別在於「擁有權」。所謂的共用物品是指居住的每一個人對於「每一樣共用物品」都有比例分配上的擁有、使用及決定權，例如：所有居住者共同出資購買的冰箱。所以，當某位居住者提供自己的物品給其他人共用時，物品依舊爲提供者的私人物品，須算在私人物品比例之內，其他人使用時僅爲借用，須善盡兩方合宜的物品對待責任。

人生整理的空間領域區分計算

：自己的使用比例

例：4人共同居住

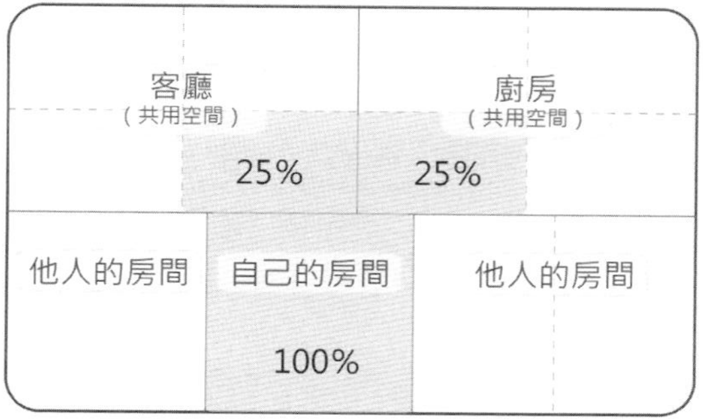

廚房共用空間
（放置廚房物品）

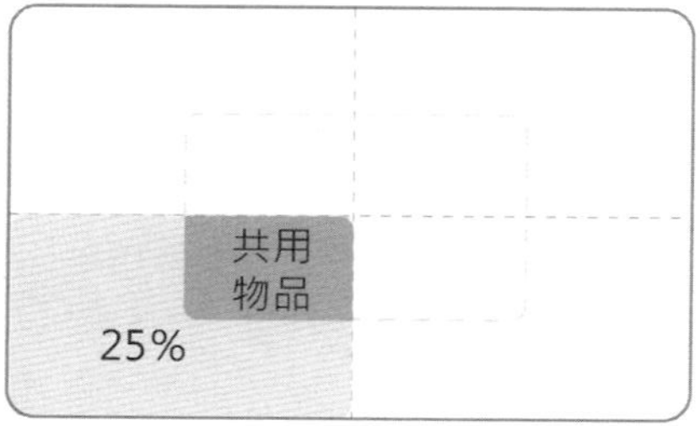

例：伴侶與小孩，共3人同住

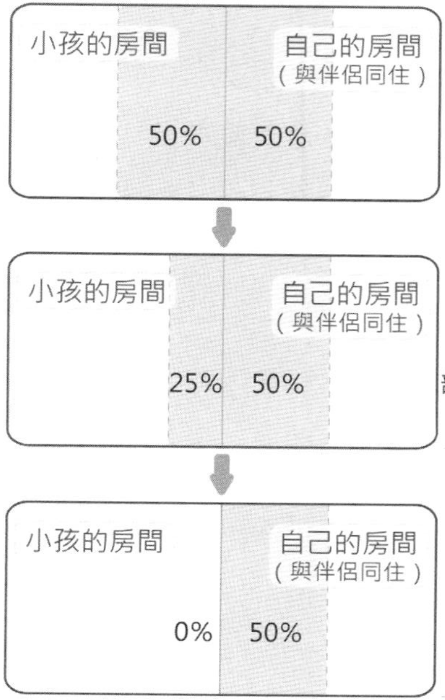

小孩未能自理前。
（無行為能力人）

小孩已能自理，
部分行為需成人協助。
（限制行為能力人）

小孩已成年，
成人不干涉。
（完全行為能力人）

小孩、被照顧者都算一個獨立個體，保管代理權須依據狀況適時還給對方。

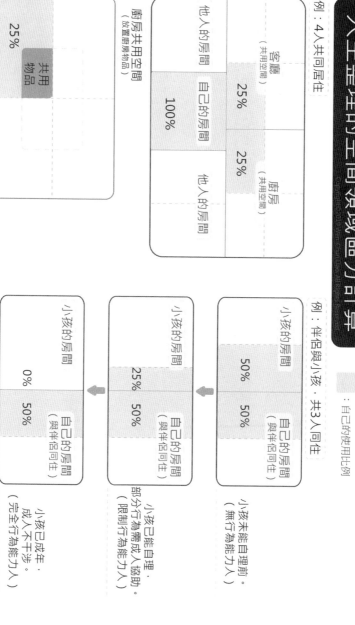

常見的公共空間侵占狀況爲：

狀況一：因爲某一個居住者的東西過多，所以往外放置，侵占走廊、客廳，可能從短期暫放到長期堆疊。

狀況二：因爲某一個居住者的友人（或家人）來訪，所以將他們的物品暫放在公用空間；有了前例之後，每一個居住者的友人（或家人）東西都會放在公用空間。*1

狀況三：已經沒有居住在這個房子內的人，因爲自己的東西未拿走、未處理，而需要其他仍居住在這個空間內的人來保管。*2

空間的使用分配需要被好好的重新看待，例如客廳只放置在客廳時會使用到的物品，不論是公用或私人物品。大部分會讓公共界線不清楚且讓人感覺困擾的，通常是私人物品侵占了共用領域，而且大多是不屬於且不適合當下空間的相對應物品，這樣的情形會讓所有的居住者備感壓力、界線不清。公共空間的區分是居住者的權利，所有同住在一個屋簷下的人都需要互相尊重與體諒，沒有任何一個人應該讓出自己的界線，也沒有任何人可以偷竊、侵占別人的空間。

針對這樣的事件，我們可以看見什麼？其實，每一個事件都隱藏許多情緒與未說出口的話。在自然界中，動物會用氣味與尿液來劃分地盤或占領，而人類呢？就是用物品來標示自己的地盤。*3

不論是用自己的或是朋友的東西來侵占公用領域，都是一種「宣示」或「示威」。用物品來暗示自己主權的人通常容易沒有安全感，需要被看見、被需要、被認同，他們以「擁有許多東西」來證明自己是誰——因爲他們不知道自己是誰。如果你有這樣的狀況，就應該好好的告訴自己：

＊1：某一個居住者的友人或家人的暫放物品須歸類在那位居住者的範圍之內，通常物品應該要放置在居住者的私人房間內，而不是放在公用空間。

＊2：離開居住地之前，需要負起責任處理完自己的物品才離開。把責任丟給還居住在同樣空間的人，已經是侵犯別人的空間與時間。

＊3：某些狀況下，人類也會以髒亂、自己吃剩或用剩的東西，甚至是自己的排泄物來標示地盤。

我已經做得很棒了，接下來我會愛我自己；
我不需要用任何物品來證明我自己是誰。
我感謝我的物品，但我需要負起責任，
用自己的力量來學會愛自己。

〈放下對物品的依賴宣言〉

這樣的宣告也適用於幽靈訪客，例如：回憶的夢中人、流浪的失蹤人口、出不了門的旅人、綁架犯與人質（P.167）。

退讓自己的界線、讓別人不斷侵犯自己的權利、一直被侵門踏戶……都是一種「情緒依附」，是人生中的斯德哥爾摩症候群*。這樣的人通常有不想解決、無法討論的根本問題，可能是有創傷，有些則是帶著「自卑」與「受害」感，以及不願意或無法負責。如果你有這樣的狀況，就請對自己說：

我值得擁有自己的空間，我值得擁有我想要的人生。
（這兩句請重複三次）

我看見我自己了，

我知道我可以在任何時候表達出我的想法與意願，

而且我說出來是安全的，因為我值得擁有愛。

〈我值得擁有宣言〉

這樣的宣告也適用於前面提到的盲目與勒索的愛，以及幽靈訪客的狀況，例如：家中的陌生人、綁架犯與人質（P.167）。

事實上，很多人表現出來的態度與使用東西背後的隱藏情緒可能非常不同，有些人用很溫柔、善解人意的方式在侵占別人的領域，有些人則用慷慨、願意分享的方式在被別人踐踏界線。我們是否能夠清楚的看見，或是眞實的理解自己？

＊斯德哥爾摩症候群又稱人質情結，是一種心理學現象，指犯罪的被害者對於加害者產生情感，甚至反過來幫助加害者。

日常生活大部分的狀況中，可能兩方都有課題；而爲了東西爭吵的情況，通常背後都充滿許多這類情緒。這些故事背後的出發點都是希望可以「溝通」，而你是否理解這樣的界線該如何拿捏？你需要做的是，放下那些自我的投射，然後誠懇的說明，因爲界線的不明確，讓太多物品與記憶跟情感糾纏。許多人憤怒的原因其實不是物品，而是把自己投射到那些空間、那些物品占用的能量當中。

眞正需要被表達出來的是「事實」，而不是情緒，這樣的表達是呈現「自己的狀況、輪廓及領域」。最重要的是，我們在心裡畫出了界線的分水嶺，不應該因爲「礙」產生情緒勒索，而是要看見眞實的「愛」，讓我們擁有權利與勇氣。

案例分享

非常多人詢問關於某些自己無法處理的物品界線問題，常見的有以下幾種：

狀況一：媳婦無法處理住家內的物品，例如：小姑已經不住在家裡，卻放置了很多私人物品占據空間。

狀況二：同住的朋友之間，公共空間的囤積與閒置，例如：在客廳的一角堆積私人無法處理的物品。

這樣的狀況都是「有口難言」，被關係綁架。通常我會建議三個步驟。

步驟一：居家規畫的空間標示（見P.195「空間領域區分計算」圖）

根據人數及界線的原則，在筆記本上規畫。

步驟二：向內沉思

好好思考自己是否有遺留在別人那裡的幽靈訪客，不論是現在或曾經。

步驟三：畫出人生的分水嶺

請完成自己的課題或是做出宣告，把未竟之事做完，特別是遺留在非自己空間之處的物品。

經過上述步驟，很多人都告訴我「出現了奇蹟」，可能是小姑突然回家整理了物品，或是愛占用空間的朋友要搬走了。其實，真正的奇蹟是自己，當我們開始願意面對問題，處理好自己的界線，從自己開始調整時，宇宙就會開始重新定位，你自己創造的新風水就此產生。

在公用空間裡畫出界線後，依據區塊來分配放置物品，每一個人都有自己完整的空間，每一個人的東西分開擺放，而公用空間的共用物品也與私人使用物品分開，這就是各司其職，在自己的位置上與他人交流；而**在自己範圍之外的他人領域，就讓他們有自己想要的標準**。畫出界線後，就可以讓每一個人在多樣性內保有自己的狀態；一旦有了自己，就會產生尊重。界線有愛的權利，亦有愛的義務，就像是有白天、有黑夜，每一個人可以使用，同時也需要維護。

在一個「家」裡面，沒有「幫忙」這件事，既然是同住在一個家，就是自己的責任。家人是爲了自己打掃，因爲自己也是這個空間的一分子。

家，由寶蓋頭的「宀」與代表豬的「豕」構成，因爲在古代造字之時，圈養的豬可提供食物及安全感，所以爲定居的意涵。在幼小的時候，家提供了食物及遮風避雨的地方，有了家，就有了安全感與歸屬；慢慢長大之後，從被養育到變成有自己的力量來維持這個空間的「成人」，是長大的過程，也是成爲人類的意義。

我們也需要好好重新理解與定義對待家與家人的態度。全部的人都需要協助整理公共空間，而真正的理想空間不只是「住在裡面」而已，找到讓空間、讓家可以協助自己的平衡點，才是正確的使用方式。

空間裡的其他住客

在居住空間裡，除了人及物品以外，亦有非常多其他的住客。接下來，我會針對幾種不同的住客做討論，因為它們也使用了空間。如何在中間取得平衡的界線，是我們可以一起好好思考的重要問題，可能有些住客你我都很喜歡，有些住客則讓我們覺得困擾。

◎住客一號：被馴化而飼養的生物（寵物與畜牧）

一般常見的是「寵物」，大多是同屬於哺乳類的貓、狗、兔、鼠、貂等。大部分的寵物都有固定活動範圍，特別是與人類生活環境不同的鳥類、海洋生物、兩棲類、爬蟲類與昆蟲。通常寵物會被視為人類家庭的一分子，特別是貓、狗，牠們會參與人類的社會生活，而且活動的範圍與人類居住者較為相同。對於被飼養的寵物而言，我們首先要理解的是「意願」與「尊重」，人類在某些時刻往往過度單方面思考，造成了環境上的破壞。

・寵物對人類的意義是什麼？

・牠們是否眞的適合與人類一起生活？*

・一起生活之後，如何與人類共同保有互相交流的愛？

首先，我們必須理解：生物並不是物品，我們不應該隨便蒐集其他生命，也不應該隨便拋棄其他生命。**一個物種的命運不是被觀賞，也不是被蒐集，而是活出身爲此物種在自然界中的角色**。也許人類因爲娛樂或心靈上的抒解需要其他生物支持，但我們更須理解，得到其他生物的能量，意味著學習面對「生命」的尊重。

飼養不棄養，並理解萬物共生。

當我們邀請一個生靈——不論是什麼樣的生物——進入自己的家中，表示我們選擇讓對方參與我們的命運。一隻貓、一條魚、一隻蠶寶寶、一隻寄居蟹都同等重要，都是生命中一段重要的關係。而牠們被邀請進入這個家，表示牠們也擁有在這個家裡生活的權利，值得擁有適合且符合牠們自身物種所需的生活空間。如何與寵物互相保有界線，是重要的學習。

你說：「我為家裡的貓狗準備舒適的床，可是牠們都不願意睡在上面！」

我說：「因為牠們明白自己的需求，而不是物質的表象。」

這些毛小孩與人類小孩有同樣的特性，所以同住者往往也會落入「盲目的愛」（P.187）的陷阱中。牠們與人類一起生活，也須尊重彼此的界線，由人類告知牠們應有的生活範圍、擁有的區域及生活模式是很重要的。牠們從外面進入一個新的

＊我們必須理解，有些生物的確不適合與人類一起居住，強制飼養可能造成對方的壓力。

生活環境，需要有人引導與告知，這就是爲什麼有些寵物剛到新環境時會不知所措，因爲牠們需要有人讓其理解——這裡是「家」。

人類與其他生物的溝通比與人類之間來得簡單許多，其他生物可以感覺人類最深層的情緒與感受，不論是一隻狗、一隻鳥、一條蛇還是一隻變色龍，當我們自身可以維持平靜安適的狀態，牠們完全可以理解人類；事實上，牠們也許更容易看見人類的心。有時候，與人類共生的生物是很好的鏡子與學習對象。

另外，基於生理上的飽足或生活上的需求，人類會透過畜牧來獲取其他生物的身體、產物，或是體力上的供給。牠們不一定會與人類生活在同一個屋簷下，但通常會生活在居住者擁有的土地領域上。

對於畜牧的生物，如同居住者一樣，也需要分配適當的空間。就像前面提及的「家」的意涵，牠們也與寵物相同，是家裡面的一分子，值得被尊重及照顧，獲取牠們生活所需。人類從另一個物種身上得到食物或生活所需，不論是吃、得到皮草或是獲得交通運輸上的協力，都意味著我們接收了其他生物的能量。我們需要理解，萬物之靈的人無法獨活，人類的生活是因爲有其他生靈的支持，才因此生生不息。

無法給畜牧同居住客良好的生活，代表人類的越界，有一天依舊會循環回到人類自身。就像那些累積在生物上不被重視的情緒，將透過吃（住客二號的植物亦同）成爲學習的課題，再次回到人類身上，例如：蛋、奶、蜂蜜、肉品、海鮮（及蔬菜）等。

◎住客二號：植物

跟自然生成的植物不同，與人類共生的植物大多是因爲人類的需求，而「單向」的被帶回人類生活中使用。其實，我們居住的地方以前應該都是自然動物與植物的世界，我們破壞了牠/它們的棲地，建起了高樓大廈，然後用人類的方式再讓這些動植物回到人類的生活當中。如果我們是那些動植物，會有什麼感覺？

事實上，這些植物並不是外來的住客，原本的土地都是它們的家。植物不會動，所以跟動物不同，默默的讓自身的某部分被人類破壞，而多年之後重新生長出來的另一部分，會再度回到人類的生活當中。

我們需要理解一個重要的觀點：**植物沒有人類也可以存活，但人類沒有植物就無法獨活**。跟我們一起居住的植物比我們更早就到了這塊土地上，它們擁有的智慧可以無私的支持人類，而我們需要在植物身上學習的，除了對生命的尊重之外，還有「無條件的愛」。不論我們怎麼對待植物，它們都是不求回報的提供自己的能量，不會動也不會反抗。只是單純看著植物，人類的眼睛就會得到舒緩，它們爲人類提供了氧氣、芬多精，還有許多對身心靈有幫助的能量。

目前在人類居住空間中的植物大致分成觀賞用、可食用兩種，大部分人類會因爲食物上的需求，或是心靈上的慰藉，而與植物一起生活，常見的有固定空間的盆栽、花園，通常放置在室內、室外或是接地栽種。又因爲植物很安靜、不會動，只有在葉片轉紅或花開花落時，人類才能觀察到它們的改變。

我們需要好好思考，這些默默支持人類的植物有生命、有感覺，只是人類看不到、聽不見它們的聲音。你有沒有想過，人類開冷氣時，室內植物有何感受？需要植物的葉片、花朵或果實時，人類是否有告知對方？是否以尊重與謙卑的態度摘下？太多的人忘記了——**萬物皆有靈**。既然物品會映照出人類的習性，植物亦同，所以請給予植物適合的空間、所需的養分，並放下用人類的投射去對待它們。

我們可以從植物身上學習到，眞正的美是容納著時光流動與陰晴圓缺，每株植物皆用無條件的愛去珍愛自己，並展現給萬物。我們需要放下刻板的美，枯黃、被蟲咬都是一種自然的過程，試著覺察人類總是控制植物「需要有美麗外表」的需求，其實是源自於人類對自身的不滿足，就像是把年輕美貌、身材姣好等條件投射在其他物種上。

放過它們，也放過自己。

◎住客三號：不請自來的訪客

住客三號大多是被稱爲「害蟲」的老鼠、蜘蛛、蟑螂、蒼蠅、蚊子、蟲蟲大軍（螞蟻、白蟻、跳蚤、塵蟎等），也包含偶爾出現的其他生物，例如：鳥、蝙蝠、蝴蝶、金龜子，或者是經由風飄落在牆角生長的蒲公英、雜草、菌菇類。這些不是在我們預期之內跑入家中的，都是爲了提醒我們而來的，牠們攜帶了重要的訊息。

大部分的生物都不會越界，在自然當中保有彼此的範圍，只有在生態被破壞、分界的平衡被打亂之時，牠們才會誤闖進人類世界。這些不請自來的訪客可能是自然界的提醒，表示大地在變動，或者是居家內的某事及某物累積過多，讓牠們感受到失衡而被引誘。

當食物殘渣沒有好好的被清理，可能就會出現老鼠、蟑螂、螞蟻；當身體沒有好好的被清潔，可能就會出現蚊子、跳蚤、塵蟎；而過度的潮濕可能會出現黴菌，並引來喜歡濕氣的生物。

這些不請自來的訪客都是在提醒人類——需要好好的關注沒有被看見的角落，**牠們用本能反應來告知我們，那裡有人類看不清楚的殘留**。有時候，不請自來的訪客可能是常被當成寵物的貓與狗，牠們收到了我們靈魂的指引與邀請，出現在我們的生活中，是爲了讓人類可以學習到「需要面對」的課題。

人生整理的自己與自己之外的關係

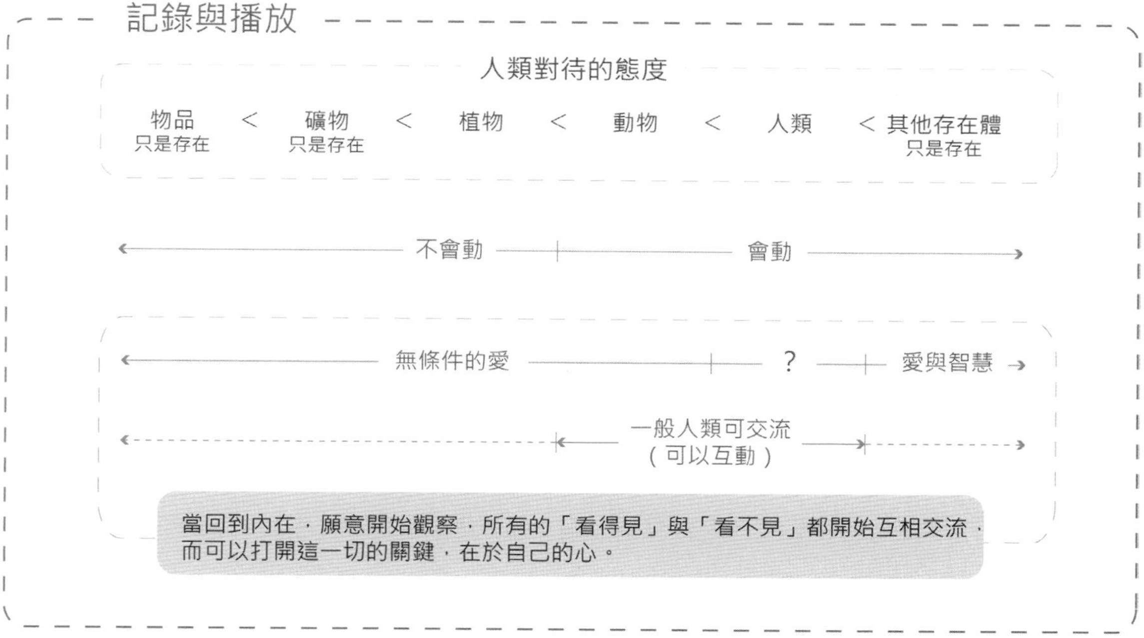

受害者的越界

其實，所有關於界線的事都是心的記錄與反應。

請停下來思考：爲什麼人會越界？在這個自然界中，每個物種都有自己的定位，擁有自己的輪廓，每個物種皆各司其職並展現多樣性，而「人」爲何在其中破壞了平衡？

答案就藏在問題當中，當我們能看到問題的背後，問題本身就解決了一半。觀察自然界的生物就可以理解到，失衡時界線會瓦解，而人類會在何時失衡或不協調呢？忙碌、壓力過大、身體狀況不好、沒有愛自己……很多原因。

失衡過多時就像是「溺水的人」，拚命拉住旁邊的人事物，只爲了讓自己可以存活下去；而在溺水者尙未察覺之前，身旁的人早已傷痕纍纍。若把這樣的狀況套用在日常生活中，這些溺水的人可能會做出以下事情：

「以愛爲名的侵犯」——「因爲我是你的家人／伴侶／朋友」，然後說出類似下面的句子：

「你應該做這些家事。」

「你應該接受我的東西放在家裡。」

「你應該接受我的行爲模式。」

「你應該知道我都是爲你好。」

「我們要一起過這樣的生活、吃這樣東西、用這樣物品。」

這樣的表達可能是用文字、輕柔的語言、強迫的告知、無言的暗示等，但都指向同一件事——「因爲我愛你、我關心你，所以你應該聽我的。」

爲什麼溺水的人會以愛爲名侵犯別人？因爲他不知道自己是誰，所以無法尊重自己，亦無法尊重別人。

「以公平爲名的占便宜」——眞正的公平是建立在嚴謹的規範上面，因爲每一個人都不同，心中須有同樣的一把尺，才能在團體裡做到眞正的公平。而溺水的人可能會說：

「你沒講。」

「我不知道、我沒看到。」

「爲什麼只針對我，其他人也……」

「爲什麼我要做？」

「幫忙一下又不會怎樣。」

可能發生的情形是：不願意使用者付費，明明知道不可以，卻還是抱著僥倖心理鑽漏洞，或是在形跡敗露後生氣，不願意做或刻意迴避應該要做的事，或只想奪取別人的成果，並用心中自以爲「公平」的尺，去侵占別人的界線。溺水者可能覺得自己是高敏感族群，容易以受害者的角度去偷竊別人的能量，因爲只看見自己，所以把自己越界的行爲合理化，以公平爲名擅自更改承諾、毀約，或未經他人同意行使侵占利益之實。

用愛，就是侵略別人的愛；用公平，就是侵略別人的公平。**當一個人活出自己，不需要說明**；只有那些無法活出自己的人，才需要爲自己貼標籤，深怕別人不知道他是誰，蠶食著過多的能量，卻不知道吃的是自己的尾巴。

當失衡的人類過多，就會產生集體意識，如同想要占有好風水，卻越過了自然定律的界線。讓我們好好想想，我們是不是無意識的越界了？

門外的走廊、大樓的樓梯間都屬於公用空間，這些地方不能擺放任何私人物品。在台灣，法定騎樓屬於私有公共財，須留道給行人通行，私有的停車格也僅供停車使用，而不是堆雜物；在日本，自家的陽台屬於公共空間，可以使用，但不能改建、養寵物、放置物品（包含洗衣機）、烤肉或抽菸，也不能裸露的走到陽台晒衣服；在美國，庭院草坪上的雜草若不定期清理，維持舒適，可以依法開罰。

所以，騎樓、停車位、庭院草皮、陽台、玄關外、大樓或社區的公共設施等地方都屬於與他人交流公用的場所，需要有符合「所有人利益」的維持與正確的功能使用。**公共空間的留白是生命的喘息，是尊重與自律的學習**，容易在這些公共空間裡侵占界線的人，可能有「無意識的匱乏」。這些無意識的越界可能來自深層的課題，是藏得很深的受害者，而這樣的制約來自於沒有平衡。

在宇宙的記錄與播放裡，這樣的越界會回到當事人身上。

對自己的承諾

我們可以把界線的平衡分為「單向」或「雙向」，單向的界線只有前進與後退，分成你的、我的、他的；而雙向的界線是一個循環的系統，萬物連結與共生。對宇宙而言，事物永遠都是牽一髮而動全身。

自己的空間就像是「身體」與「心理」的感受，公共空間則是「邏輯思考」與「人生經驗及修爲」的檢視。這就是爲什麼我們可以從生活中看見眞相、從瑣事裡體驗眞實，並在人生的點滴中看見神。

畫出界線是一種眞實的愛，願意放下自己的投射，並讓他人成爲他自己。

在公共空間裡的權利與義務是每個人都需要有的，不論有沒有使用、有沒有放置物品，自然的流轉中需要每個人的清潔與維持。在界線裡請先清除「應該」這件事，明白打掃及做家事從來不是某個單一角色的責任。

人與飼養的動物不同之處在於——行爲模式與責任，自己產生的髒亂需要自己負起責任清理，或是付出代價花錢請別人協助。若是沒有付出代價，並認爲做家事、打掃與自己無關，無意識的接受別人的付出，匱乏感就會越來越深，因爲內在的靈性會不斷提醒「自己是人，不是豬」，也會理解到身而爲人住在家就需要眞實的長大，並負起責任。

在一個家裡面從來沒有「幫忙打掃」這件事，因爲每個人都是空間裡的一分子。清掃是生活的一面明鏡，是每一個人的課題，是與自身靈魂交流、傾聽內心的時刻。遇到不願面對此課題的人，你可以帶著「平靜」提醒對方，但不要越界幫忙對方「做」應該要「做」的功課。讓他人自行清掃與整理他需要完成的部分，是一種「放下」，放下對外的掌控，並尊重每個個體的獨立性，回頭「作」*好自己的功課，那些別人清潔不乾淨的情緒，不是你的。

---

* 「作」是指人使用「乍」（工具或物品），是自己的功課。而「做」拆解為「古、故」，「攵」則為攻擊，意指人使故事成形，是他人的功課，以下亦同。本書使用的「做」與「作」，其涵義為人生整理課特別延伸的解釋與使用方法，非一般文字常用的字義解釋。

有時可能起了「執念」——用自己的標準去定義空間的整齊及乾淨程度，並要每一個人配合自己，那就成了「我執」。此時需要好好理解自己的定位，並在分配比例中「作」好自己的範圍。

遇到超越界線的人，不管是物品的堆積、不適宜的髒亂或自以爲是的關心，帶著微笑回應對方，堅定且適時的表達自己的界線，然後回頭「作」自己的功課。不與對方糾纏，「放下」對抗的作用力，那些越界的能量自然會回到他們自己身上。

若起了「執念」，想要得到是非對錯的結論，那就又成了「我執」，自己亦落入情緒的循環。

若拉出界線或訂出規則後出現無法溝通的狀況，就請回過頭來看見自己，並讓這樣的人事物離開。過去的執著、過去的混亂、過去的人就讓他們留在過去，除了自己，沒有任何人事物是無法分離的。生活中處處是修行。

規畫生活空間，然後找出自己的定位，收回超出的界線，也拿回被壓抑的能量，有時候是物品，有時候是關心，有時候是打掃。在人生及家裡不需要完美，也不需要「應該」，好好回到自己的心，與家人溝通或請求協助，在內心「願意」的前提之下，互相學習愛。

小心「完美」的陷阱，因爲眞實的美是集結衆人的心，而表面的完美，是掩蓋衆人的心。

理想的居住空間，是萬物共有的愛。

所以我們可以理解，界線是關於責任與義務，是對自己的承諾；在我們之外，沒有別人，只有自己。

接下來，請翻開你的筆記本，看一下之前所寫的「居家規畫」步驟的第二步（見P.129「居家使用空間」表），靜下心來好好思考，並重新分配「使用分數」。屬於公用空間的客廳，眞實分數到底是多少？你本來可能覺得廚房的使用頻率很少，是否有想改變？譬如自己洗自己使用的碗盤，公用的碗盤就由居住者輪流清洗，這樣一來，使用分數是否可能提高許多？我們可以在原本的數字後面標出「改善後的使用分數」，也可以搭配「List 夢想清單」（P.119）來創造。

界線的重要在於——讓自己有空間成爲自己，亦讓別人有權利成爲他自己，在彼此的界線上，「相互擁有」自己舒服的表達方式。

第三節　為什麼要花錢買垃圾？

當我們理解了尊重一起生活的人事物的重要性，就可以繼續往下思考：那些在整理中產生的垃圾到底是什麼？那些捨棄的物品也曾是自己花錢買回來的，而曾經是自己一部分的東西如今卻變成了垃圾，它們去了哪裡？

在自然界中，動植物產生的「垃圾」可以回歸自然，不會破壞大地；而人類產生的「垃圾」卻傷害了地球。這似乎並沒有平衡？而這些花錢買回來的垃圾背後隱藏著什麼故事？

黃金法則二：零廢棄（Zero Waste）**或稱零垃圾**

零廢棄是指不產出垃圾、簡化生活，符合環境保護與永續發展，執行方式可參考提倡此概念的貝亞．強森所說明的五個部分（5R）：

・**拒絕**（Refuse）：拒絕不需要的。

・**減量**（Reduce）：減少需要的。

・**再利用**（Reuse）：重複使用現有的。

・**回收**（Recycle）：回收無法使用的或重複使用到不能再用的循環再造。

・**分解**（Rot）：殘餘可作爲堆肥的。

零廢棄的重要性在於「態度」與「責任感」。如果界線是愛的輪廓，是尊重彼此的基礎，那零廢棄就是愛的關係，讓萬物珍惜彼此的付出。

不產生令其他生靈困擾的垃圾，是一種溫柔。

免洗物品的救贖

爲什麼有些東西永遠會被丟掉跟被再次購買？你有沒有好好思考過？物品是來支持人類，而不是買回來後被當成垃圾丟棄的。

在一般人的生活當中，最常見的垃圾就是免洗的「一次性物品」，例如：外帶食物的容器、餐具、吸管、塑膠袋或紙袋，健康需求的衛生棉、尿布、衛生紙、口罩，外出使用的免洗內衣褲、紙拖鞋、拋棄式盥洗用具等。

這些一次性物品有些是花錢購買的，有些是免費的，不論如何我們都付出了代價，我們以爲的免費其實是包含在付出去的金錢裡，或者是消耗了地球的資源。事實上，這些一次性物品都有著相對應且可被重複使用的替代物品，而爲什麼人類現在的生活充滿著它們呢？我們可以從物品的起源到風行看出一些端倪。

◎免洗筷的故事

免洗筷起源自日本的江戶時期，最早於一七〇九年的文獻記載，主要是因爲生產建築及木桶等經濟產業材料時，木材會有邊角廢料，爲了不浪費資源，就把這些廢料做成了一次性的筷子，稱爲割箸（waribashi）。免洗筷與當時需要清洗且可重複使用的筷子相較起來輕巧、方便又便宜，重點是沒有其他人使用過，非常符合日本人追求乾淨的飲食習慣。

台灣在八〇年代爲防止民衆感染B型肝炎（當時以爲B型肝炎會透過口水傳染），所以政府才宣傳推廣使用免洗餐具來防範，當時從路邊攤到高級餐廳都紛紛將筷子換成免洗筷。後來證實B型肝炎是由血液傳染的，但因爲免洗筷方便、便宜、用完即丟的特性，所以沿用到現在。

◎紙杯的故事

用紙做成的杯子，最早在公元前二世紀有記載，而眞正開始大量使用是在二十世紀初期的美國。第一次世界大戰之前，美國人一直在重複使用易碎的陶瓷杯和玻璃杯；而在美國內戰結束後，政府開始推行禁酒運動，所以大家都開始喝飲用水。當時喝水的杯子都是共用的，像是學校的水龍頭與火車上的供水，這樣的共用引起了公共健康問題。

越來越多人意識到共用杯的衛生性與細菌的危害，一九〇七年，波士頓的律師勞倫斯發明了拋棄式紙杯，當時叫做健康杯，後來改名迪克西杯（Dixie Cup）。因爲紙杯便宜、乾淨、輕便、用完即丟，所以當時便通過禁令，禁止在火車上使用玻璃共用杯。紙杯從一九〇九年開始使用，至一九一七年時，玻璃共用杯已完全從火車上消失（包含沒有禁令的區域在內）。

而後，一九一八年的西班牙流感造成大規模的感染與死亡，有近三分之一的美國人被感染，對健康的重視讓拋棄式紙杯在美國文化中扎根。出於健康因素，紙杯也在醫院中被使用。另外，研究發現，清洗玻璃杯的消毒成本高於紙杯，這些原因都鼓勵了紙杯的使用。

近代經濟消費模式的發展，讓紙杯也被應用在咖啡上；而在台灣的八〇年代，泡沫紅茶、珍珠奶茶開始崛起，延續到手搖飲料的外帶模式，讓拋棄式紙杯在台灣的生活中變得很常見。

所以我們可以發現，「一次性物品」有著用完即丟、價格便宜、容易拋棄、免洗的優勢，而材料也分成紙製、竹製、塑膠類、保麗龍，以及其他複合材料的質地。不管是哪一種免洗及拋棄式物品，都是爲了支持人類而被創造出來；在它們被製造出來的時代，人類是抱著感激、興奮且覺得生活眞的被支持的態度去使用它們。反觀現在，爲什麼一次性物品氾濫了？爲什麼人類不會對這些物品心生感激了？答案是：因爲覺得「理所當然」。

現在是物質爆炸的時代，很多人在使用物品時並不會感受到它是經過多少自然界的協助、動植物的生命、背後製作者的辛勞才能完成，有這些點點滴滴才有我們現在看到的這些物品。

不論這個東西是一次性、可重複使用一段時間或可以長期使用，因爲看不見其包含著衆生的愛、感受不到物品的故事，所以可以輕易的拋棄，無論是使用過的吸管、隨手拿的衛生紙、買東西拿到的紙袋，或者是購買的便宜衣物。

只看見自己的需求，看不見因自身需求而來的幫助，並隨手拋棄這個支持生活的力量。這樣重複性的行爲造成分別、麻木、覺得自己不須負責任，或是根本不覺得這件事情跟自己有關。

常用一次性物品並隨意拋棄的人，自己也常常被一次性的使用——因爲那些無意識之間的「業」，終究會回歸到生活之內。當人生中遇到不珍惜自己的人或自己的付出被別人忽視時，記得回頭好好看看自己的生活，有多少東西在默默的支持著我們，但我們卻沒有尊重、感謝它們的支持。身上穿的衣服、坐的椅子、使用的手機、網路、喝下的飲料、盛裝飲料的器具、使用的電燈……這些從來都不會理所當然的出現在生活當中，是千千萬萬的生靈演化、創造、付出才成就了現在的生活，才讓我們有這樣的物品可以使用。

免洗物品讓人類有舒適的生活，拯救了當時人們的健康，才有了我們這些後代，它們值得被善待。而其他早就出現在我們生活裡的物品，是否也有被好好的使用？如果我們早就擁有了筷子，爲什麼不好好的使用？爲什麼出門要用免洗筷、買東西回家要拿免洗筷？好好的想一想，我們的生活中有多少這樣的狀況？

這些隨手使用的免洗物品，在家中是否早有可取代的物品了？

也許不是全部，但其實我們許多人家裡早就擁有了，不是嗎？

你說：「可是我出門忘了帶，然後臨時需要使用。」

我說：「你當然可以使用，但你感謝免洗物品的支持了嗎？」

在你使用之前，你想過家裡明明就有的那些未被翻牌的嬪妃們的哀傷嗎？在你使用之後，你想過這些一次性物品去了哪裡嗎？人類輕浮的態度，往往手一揮就讓垃圾掩蓋了海洋的呼吸，當看到空氣的汙濁，我們願意承認是自己造成了一切嗎？

對於生活中的每件事、每個決定都需要愼重視之，這就是人生的修行，是檢視自己最好的時刻。物品的因果一直在發生，我們是否願意打破這個循環，讓自己面對所做的事情，並且負起責任呢？

當我們在整理之路上看見自己人生的重蹈覆轍時，我們是否願意、是否有勇氣拒絕重複過去的業呢？

垃圾的代價

爲什麼人類可以輕易的製造出垃圾？

買東西時需要付錢，但丟東西時幾乎不用付錢。如果丟出的每一個東西都需要付錢，你會怎麼丟呢？我們對於所謂的「垃圾」到底需要付出多少代價？

在台灣，某些地區需要購買付費的袋子才能丟垃圾，而大型家具也需要付費處理，商業垃圾也相同。因爲要付出代價，大部分的人就會相對謹愼許多。但就算如此，事實上我們付出的「丟垃圾」代價比想像中大多了，現在大部分的垃圾處理方式都是掩埋或燃燒。

你說：「不是有資源回收嗎？」

我說：「是的，回收再利用似乎是一個解決的方式，但回收過程也需要代價的。」

想像物品A被回收，從自己的家中離開，並放入回收場或回收車；載運至回收場後，經過清潔、分類、拆解、萃取或是重製，重新被利用，可能製成物品B的某一個部分，此過程付出的代價不亞於製造一個新的物品。而實際上，有些回收物品因爲經濟價値過低，可能最後還是被歸類於垃圾。若仔細看這些所謂的垃圾或回收物，有些在某種程度上都還可以使用。

你說：「那這些物品爲什麼被丟掉了？」

我說：「因爲人類覺得麻煩，不想清洗再使用，覺得不再心動了，覺得過時、不好用了，覺得上面充滿了負能量，覺得要處理太辛苦……」

你說：「那捐贈或送給別人，可以吧？」

我說：「當然可以。前提是對方眞的需要，而不是給予他不需要的。」

捐贈，指「沒有索求」的把「有價值的東西」給予別人。若捐贈夾帶著解決「囤積」的需求，那並不是眞的捐贈，而是用美麗的說法把物品塞給別人。眞正的幫助是給予「對雙方都有價值」且「對方眞的需要」的東西，這樣的行爲才可以延續物品的價值與意義。

同理，送東西給別人是爲了「表達自己的情感」並加深彼此的交流，就像是說出去的話一樣，是一種表達並與對方溝通的方式。若送人的物品裡夾帶著「我覺得你會需要，而我剛好又不需要」的念頭，那其實是一種強塞情感壓力垃圾給對方的越界。

真正的送是「給予愛」，而不是控制或侵犯。

當一項物品離開你抵達下一個地方時，它是否會變成垃圾完全取決於你。就像你忘記的、被遺留在外面的那些東西，沒人有義務無償的幫你保留，那些幽靈訪客會造成別人的困擾，這樣不舒適的頻率就是在替別人製造垃圾。

你說：「可是有些東西眞的是垃圾啊，無法再使用，或是充滿負能量。」

我說：「是否無法再使用是一個很深奧的問題，我們之後會再好好討論。而關於所謂的負能量，我們可以來思考一下。」

什麼叫做「負能量」？

不好的、壞的、髒的、舊的、限制性的、綑綁自己的、感覺不舒適的？當你丟掉所謂的負能量、不喜歡的東西時，有沒有對它們說說話？很多物品被丟掉時並沒有被告知，所以這些東西上面攜帶著「被拋棄、找不到家」的頻率，在地球的某處繼續播放著。所以我們就能明白，爲什麼很多人一直清理、淨化、放手，卻依舊覺得不夠、覺得孤單。

所謂的負能量是你認爲的負面，還是眞理上的負面？在宇宙裡沒有任何東西是不好的，每一件事物都是爲了愛而存在，是人的分別之心讓它們產生了正負。

動物製造的垃圾是順應自然演化所需的排泄及死後的屍體，而人類製造的垃圾並沒有順應自然。什麼是垃圾？人類認爲的垃圾是什麼？

歐盟垃圾指令中指出，垃圾是「持有者丟棄，想要或需要廢棄處置的物品」，當中的「丟棄」就是人類需要付出的代價——讓大自然充滿垃圾。目前人類製造出來的物質垃圾大多爲複合材料，不容易分解，並對環境造成破壞；而因爲這個破壞在自己的「居住空間」之外，所以大部分的人看不見，也沒有去感受。這些所謂的無心之過，正在消耗著地球。

一個人一生中製造出來的垃圾在其生命旅程結束之後，依舊留在地球上，不斷的記錄與播放跟物品擁有者的記憶。這些留下的業未完結，會吸引相對應的靈魂再次經歷與學習，這就叫做「輪迴」。

這些垃圾的代價就是需要承接的因果，除了那些看得見的垃圾，還有更多看不見的情緒執念。所以，我們要好好的想一想：**爲什麼人類會製造垃圾，而不是製造愛？**一邊在嘴上說著慈悲、恩典、光與愛，一邊卻轉身製造垃圾？到底發生了什麼問題？我們是不是沒有正確理解「垃圾」？

為什麼要愛地球？

垃圾從什麼時候開始出現？我們重新調整一下這個問題，改成：爲什麼人類製造出不順應自然的東西？

自然的生靈、動植物的生命旅程與大地相連，它們感受到風的輕拂、土地的跳動、水的聲音、火的奔放，與宇宙相連，明白存在的意義。

但不知道從何時開始，大多數人類失去了與萬物的連結，把循環變成了不循環，把細膩變成了不敏感，把創造變成了破壞，眼裡只看見欲望。這樣的起心動念擾亂了宇宙的流動，從製造出的東西中只看見「人」，而不是「萬物」，不和諧的語言及聲響與平衡拉扯，是使用物品，還是被物品使用？我們的行爲舉止是讓世界變得美好，還是產生對立？

近年來有非常多人意識到地球被破壞，開始自發性的做起環境保護（簡稱環保），這些人開始明白某些行爲及垃圾的產生是對大地的傷害；同時，很多因應此風潮而產生的商業模式依附在表面發生——環保杯、環保筷、環保袋等，似乎只要搭上「環保」字眼，就可以變成一個新的商業模式，也成了購物的新理由。但若我們尚未理解環保的眞義就盲目的購買，只會讓東西越堆越多。

如果環保的目的是「不破壞地球」，那麼是「購買新的物品」比較環保，還是「使用現有的東西」比較環保？事實上，每個人擁有的物品都已經可以支持自己變成環保人士，而非在整理、丟完東西之後才開始改變生活。眞相是——整理本身就是一個改變生活的過程。

一九七二年，聯合國〈人類環境宣言〉裡申明其信念：「人類有權在一種能過著尊嚴和福利的生活環境中，享有自由、平等和充足生活條件的基本權利，並且負有保護環境和改善這一代及將來世世代代環境的莊嚴責任。」物品本身沒有任何對錯，是使用者的對待讓物品變成好或壞；每一件事物都有一體兩面，身邊的物品已經可以支持自己做環保，那我們爲什麼不去看見它們存在的美好？來到家中的東西都是重要的，是爲了讓我們學習而來的，若我們眞的可以理解、看見並做出改變，就可以把「過去的業」變成「當下的學習」，就此改變人生的軌跡與「未來」。

世界上的每一個東西都同等重要。

重複使用舊有的東西以取代一次性物品，並且對已使用的一次性物品負起責任，好好思考是否可以再利用。

接下來，我要問你一個很重要的問題：爲什麼我們要做環保？**爲什麼人類要愛地球？答案是：因爲它就是你自己。**我們與自然、地球甚至宇宙就是一個家，所有人都在共用同一個生態系統，我中有你，你中有我。

眞正的家，是在愛裡面；當愛開始蔓延，自己的光得以擴展，所有地方都是

家。環保並不只是救地球，更多的是愛自己。你願意把你的愛傳遞到什麼地方？

我們需要好好察覺自己的起心動念：是「明白」還是「無意識」？慎重的說、慎重的行、慎重的動，每一個慎重就是「愛」的呈現方式，而當心中有愛，我們與宇宙相連。順應自然的言行舉止就是製造愛，**讓垃圾經由轉念，變成生命的光**。

這個世界上的某一端可能物質缺乏，而在另外一端卻物質氾濫，因爲看不見那些貧困，其他人才能夠無意識的丟棄可用之物。所以，請在每一次「丟」之前，停下來好好想一想。

使用不棄用，並理解生命相連。

我們必須承認自己製造了垃圾，完全的負起曾經與現在的責任，如此才能謙卑的修正，並創造一個新的未來。

自由與限制

物品是爲了支持人類而來，每一個物品都是因爲愛而產生，所以不是不能用或不要用，而是要明白的使用，愼重、珍惜、感謝並尊重這個物品的起始到終點之間，連結到的千千萬萬生靈。

眞正的落實環保在於「實踐」，並不是口號而已。很多人不願意施行環保是因爲覺得麻煩、不想改變、浪費時間、自由被剝奪，但眞正的原因到底是什麼？

你說：「我只是想整理，環保離我太遙遠。如果考慮環保，那我就什麼都不能丟了……」

我說：「物品放在家裡不用才是不環保，眞實的環保是讓物品可以被善用，不會被浪費。所以我們需要的是——尊重、謙卑的捨離自己用不到的物品。」

想像一下，某個物品被遺忘在家中沒有使用，地球另一端卻有一個人需要，他走去商店購買，然後地球的某處爲了提供這些需求繼續被開發。所以，「占據自己不使用的物品」才是不環保，物品只有在被使用的時候才有價值，與人類的愛才會相互交流。

你說：「可是這些舊有的東西已經不讓我心動了，我想買讓我心動的物品來使用，或許這樣一來我做環保時會比較開心。」

我說：「所以你打算丟棄原本有的東西，去購買一個新的物品，希望藉由對這個物品的心動，讓人生更美好？」

物品的美醜會影響你的心情，意思是物品比你自己的力量更大？讓這個行爲模式發生的眞正原因到底是什麼？只有符合現在的喜好才能夠讓自己開心，如果不符合就丟掉再換一個，這是不是很像人類在感情中會發生的事？遇到一個對象然後被吸引，覺得對方有無盡的好，心花朵朵開；激情過後或是突然某一個瞬間，發現對方有自己不喜歡的面向，開始覺得對方有無盡的不好，然後就想分開，再找下一個。

我常常說，使用物品就跟談戀愛一樣，這就是很多人無法放掉一次性物品的原因，那是一夜情的行爲模式。

我們爲什麼會喜歡上一個人？其原因就如同喜歡一個物品，是因爲從對方身上看到了自己的好；而當看見對方的「不好」時，就像是跟自己未完成的課題產生了共振，那個不好來自於內心的灰塵——是神的提醒，來自於長久未關注的角落。

若可以把看到的不好透過向內沉思，看清楚內心太久沒注意的地方時，也許就可以理解那些不好只是沒有被好好照顧的失落，然後透過自身的調整，讓愛照亮心的死角，並讓自己得到滋養。

我說：「身邊的物品不讓現在的自己心動，但它支持你成爲了現在的你。這些原本就存在的舊東西，是爲了支持我們而來的，我們是否可以看見它們內在的美，然後珍惜的使用？」

你說：「可是我生活很忙碌，沒有時間清洗這些物品或拿舊的出來再利用。東西直接丟掉比較乾脆，而一次性物品比較節省時間。」

我說：「所以你善用了這些節省來的時間了嗎？」

好好的想一下，**生活中因使用免洗物品而省下的時間，你到底拿來做了什麼？這些省下的時間去了哪裡？對你的人生有幫助嗎？利用這些省下的時間所做的事情，比起丟掉那些物品所付出的代價，當中是平衡的嗎？**

假設，你丟掉的某根一次性吸管不小心殺死了一隻海龜，以致這隻海龜原本要吃掉的水母並沒有在生物鏈中消失，還產下了更多水母。某天，一位潛水員在浮潛時不慎被那些水母螫到而死亡，而原本這個潛水員若沒發生意外，他在開車回家時會與你擦身而過，你可能因看到對方的車牌號碼而得到靈感，因此買到了頭獎彩券。

就因爲一根丟掉的吸管，你錯失了中頭獎的機會，還殺死了海龜及潛水員。

表面上看起來毫無關係、非常微小的事情，可能會帶來巨大的影響與改變，這就叫做「蝴蝶效應」，是連鎖效應的一種。

仔細想想，你爲什麼貪圖方便、覺得麻煩或想要省時？爲什麼不想改變？是因爲困在時間裡面，並且被壓力綑綁住了，也可能還帶著執念的囤積。放掉時間的限制是一種自由，而「改變」就是最好的途徑。萬事萬物都是緊密相連的，當人類能夠理解共同命運時，就會走向自由，因爲**自由的眞實意義是：不受任何限制，並負起全部的責任**。事實上，打破限制亦是一種局限，「得到自己想要的」亦可能是一種上癮，明白與理解我們的人生就是我們自己，每個生活點滴都與宇宙相連，這才是「從自由中解放」。

找出物品可以再被利用的價值及方法，能夠讓我們從局限中看到無限，也教會我們如何從細節中看到美好，這就是愛。

眞正的自由是「用與不用」都不會有任何壓力，有意識的用，然後有意識的活。

盡可能的使用家裡已經有的物品，記得嗎？那些未被翻牌的嬪妃正在等待使用者的愛。如果眞的需要用到一次性物品，就感謝它們支持當下的自己，因爲有免洗、一次性的它們，我們才可以擁有這樣的舒適便利與不慌亂，同時想想是否可以多利用幾次，並在放入垃圾桶時妥善分類。

所有的物品都需要被珍惜與感謝，而不是責怪自己爲什麼又用了這個物品，覺得自己爲什麼又沒做好。我們需要看見的是：來到我們面前的每一個物品都是爲了支持人類而來，而不是造成人類的困擾。

你有沒有發現我一再重複說明的概念？——你是否可以開始看見免洗物品對人類的愛？是否可以開始看見物品對我們的好？如果你已經可以看見並開始感謝，那很好；但人生不是只有這樣，我們仍需要事後的沉思與修正——如何更改過去的舊習慣？我們不能因爲道歉、感謝就否認自己的「業」，打破過去的行爲模式才是讓自己成長的關鍵。

眞正的環保是分享愛，並且不用帶著痛苦與辛勞。能夠在生活中實踐，就是一種愛自己的方式，這是眞實的環境保護，因爲這個環境也包含了人類自己。

不選邊站的生活

爲什麼會一直丟東西？

這個問題跟「爲什麼無法丟東西」其實是同一件事，這樣的頻率剛好震盪在天秤的兩端，不斷的搖擺；丟東西的人認爲自己這樣做了就會比較好，不丟東西的人也認爲不丟才會比較好。丟與不丟，都是認爲自己這樣的方式是「好」的，因爲不想要「壞」的。事實上，這個世界從來沒有絕對的好或壞，完全取決於「立場」與想要前進的「方向」，才由此區分出好壞。

就像文明法則史學裡的循環一樣，總會有潮起潮落，所以「丟掉東西的整理」與「盡可能重複利用的環保」雖然乍看之下是衝突的兩件事，事實上都是人類想要往下一個時代前進的努力。所以不只是「我」而已，每個人需要看見眞實的自己，並把我擴大成「我們」，然後看見全人類，看見生態圈內的動植物，看見自然大地。不偏頗任何一邊，不站在人類的立場，也不站在自然的立場，而是共存；讓人類的發展與自然永續達到平衡，而不是對立。

世界上的所有事都是因爲好意而發生。

世界上的所有物品都來自於大地，鋼筋水泥蓋的房子、人造纖維、塑膠也都來自於自然，人類也是。不只有花草才是自然，我們周圍的每一個物品都與大地相連，每個人的家都是生態村，而我們都是宇宙裡閃耀著自身光芒的星星。如果沒有某些物品的出現，也許人類就無法擁有現在的發展，科技本身就只是單純的前行，不帶有任何情緒。

《淮南子．原道訓》裡記載：「橫四維而含陰陽，紘宇宙而章三光。」而後東漢末年由高誘注解爲：「四方上下曰宇，古往今來曰宙。」所以宇宙包含了空間、時間、看得見的物質、看不見的能量，還包含物理定律，這些都跟整理有關，也都緊密跟隨在人生當中，就算我們不知道、不明白，它們也持續在運作。

「整理」橫跨了過去、現在與未來，當你在任何時間點重新決定要「創造」一個新的人生時，生命軌跡就會被改變；只要開始願意動手做，就是在塑造新的時間點。這就是心、言、行、觀，是人的風水，也是在創造一個新的現實。當我們朝向新的現實前行時，可能會遇到某些阻礙，例如：

狀況一：

想要減少垃圾，所以自備餐具、杯子等環保用品去購買東西，但對方還是用拋棄式物品盛裝給你，有時還順手丟掉了原本包裝的材料，或是不願意讓你使用環保用具。被這樣對待的你可能會產生情緒，覺得委屈及憤怒。

如何解：

我該如何改善自己的生活，又可以「善意說明」自己的需求？

我該如何減少「溝通上的誤差」，以免造成雙方的不愉快？

如何調整：

環保是讓世界變得更好，而不是製造對立與仇恨。

這就是轉念。所有人都可以擁有自己的選擇，那是個人的自由意志。我們可以說明自身，但不用堅持一定要讓對方理解，當我們想要讓對方認同自己的理念時，那就變成了干涉。在開始改變生活模式時，還是有可能用自己「原有的習慣」去跟別人溝通，用自己舊有的邏輯去看待別人，這就是爲什麼「改變」會讓自己這麼不舒服，也讓旁人辛苦。

眞正的整理，會在身心靈開始定位並與愛校準時才開始發生，因爲只有自己才知道自己眞正想要什麼。善意的說明，但不需要爭取別人的認同，盡可能在雙方舒適的平衡下做調整。

狀況二：

生活中很容易會在預期之外收到自己不用的東西，卻又很難回絕，或是本來已經送給朋友的東西，但對方沒有好好使用，甚至可能還會被退回。有時看到其他人沒有善用物品、製造垃圾，會覺得很生氣。

如何解：

我如何盡可能在雙方都是平衡的狀況之下，接受或拒絕自己不需要的東西？

我如何放下對其他人的要求？

如何調整：

環保是讓世界和諧共存，讓每一個人可以成爲他自己。

問自己：如果收下這個物品可以讓對方感到愉快，我是否願意選擇這樣做？但記得前提是：我是否願意負起收到這個物品的責任？如果拒絕這個物品會讓對方感到不愉快，我是否願意選擇好好說明，讓對方知道我這樣做的原因？

我們需要理解，物品只是這些情緒的投射，這些沒有預期收到又無法回絕的東西可能是眞實的物品，也可能是自己不喜歡的感受、話語或對待。如果選擇收下了，就需要負起責任，明白這是自己的選擇；若決定拒絕，就好好的說明。一旦決定了收下或是拒絕，就會開始接收物品上的過去，也開始在物品上寫下新的記錄，因爲每一個選擇都會在物品上記錄與播放，這也是爲什麼每一個決定都要愼重。

爲什麼人在得知自己送出的東西沒有被好好使用時會生氣？爲什麼送出的東西被退回時會不開心？爲什麼看到別人沒有善待物品時會產生情緒？爲什麼被拒絕時會感到錯愕？因爲人把自己投射出去，在那些對待、退回、拒絕中想到自己。那些投射，是心沒有被擦乾淨的角落，成了對外在的憤怒，來自於沒有被安撫好的心，緊抓著不愉快的事物產生情緒，就像以爲這個世界上有垃圾存在一樣。

事實上，這個世界沒有不能用的垃圾或不需要的東西，是人的局限產生了無用之物。那些恐懼、憤恨或負能量也是來幫助我們成長的，是一種拉回平衡的機制，不需要選邊站，因爲心的光會照亮全部。

好好的處理自己，善待自己；安撫好自己的心，然後回到安心。

當我們可以照護好自己的心，就能夠明白每一個人都在過程之中，每一件事都是一種學習。不論大家是一起在同樣的路上前行，或是分離往不同方向，都是走向愛的途中。「自己」才是此生來世上最重要的目的，而外面沒有別人，只有自己，從觀察走回自己的內心，在內心的流動中持續前行。

丟東西跟幸福無關，但跟生態浩劫有關；「人類無止境的丟東西」這個行爲成

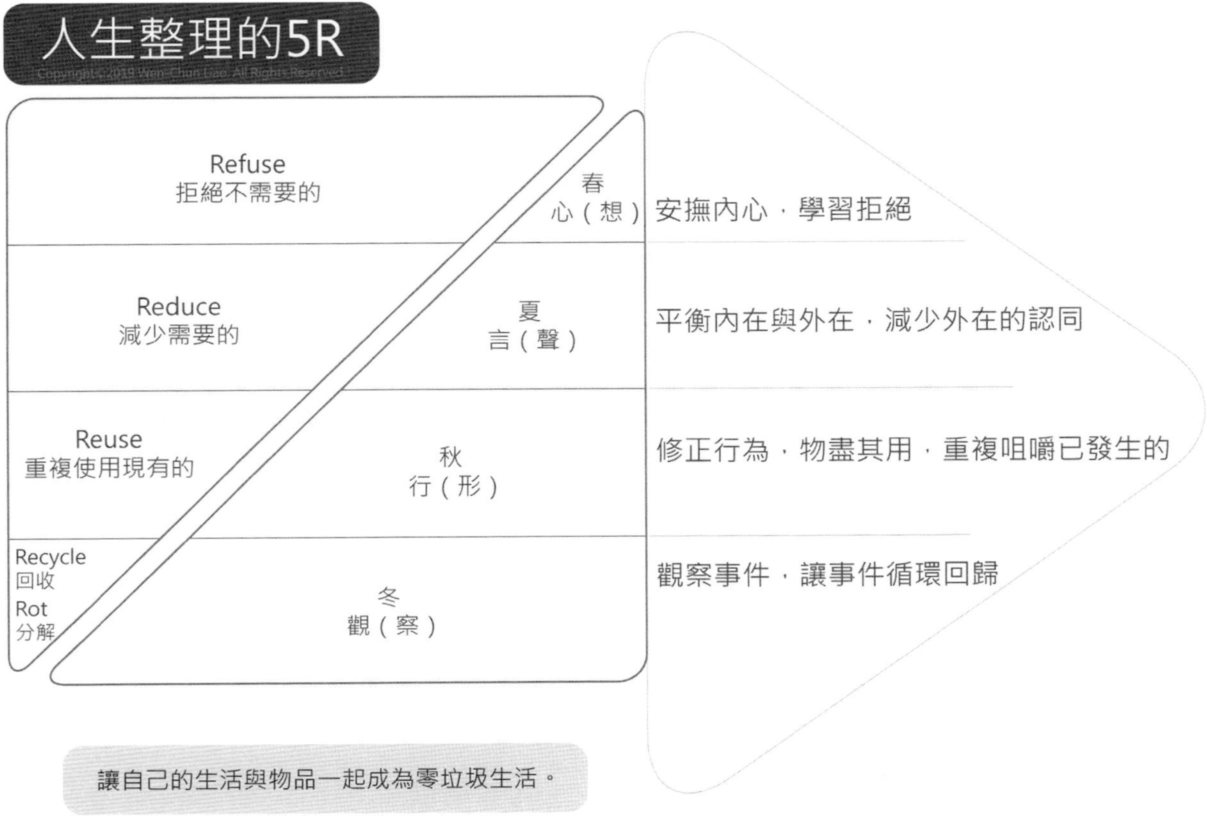
人生整理的5R
Copyright©2019 Wen-Chun Liao. All Rights Reserved.
Refuse
拒絕不需要的
春
心（想）
安撫內心，學習拒絕
Reduce
減少需要的
夏
言（聲）
平衡內在與外在，減少外在的認同
Reuse
重複使用現有的
秋
行（形）
修正行為，物盡其用，重複咀嚼已發生的
Recycle
回收
Rot
分解
冬
觀（察）
觀察事件，讓事件循環回歸
讓自己的生活與物品一起成為零垃圾生活。

本太高，而閒置物品亦同。力量在自己之內，讓自己成爲想要成爲的改變，讓物品也成爲它們自己，成爲支持人類的力量。

第四節　關於「擁有」這件事

當我們回到內心，理解萬物相連，開始明白這個世界的偉大與渺小都跟自身有關時，接下來就可以思考這件事：如果你是這個世界的創造者，爲什麼會需要「擁有」的感覺？擁有物品的意義到底爲何？我們可以使用、共用、分享，那擁有本身又是爲了什麼？印度哲學家奧修說：「活得像諸佛一樣，不占有任何東西，但卻能夠使用每一樣東西。」

黃金法則三：擁有（Possess）

擁有在於雙手環抱珍惜之物，在可能的範圍之內善盡義務，因爲「有」就是存在，代表發生與出現某物讓我們學習。擁有的重要性在於「付出」與「和諧」，而且不占有；「擁」是輕撫心愛之物的風，而「占」是強刻心念之物的刀。

在「有」裡面，所有東西都是跟宇宙借來的，我們總有一天都要還給「無」。眞正的擁有是愛的自由，沒有恐懼，而生命無限。

錯失恐懼症

事實上，「想要擁有」本身就是一種恐懼，可能來自於擔心、焦慮與過多的在意，這是人類心理常見的一種現象，稱爲「錯失恐懼症」，意指害怕自己沒有參與到事情或沒同步看到資訊時，別人會經歷什麼了不起的大事。

因此很需要跟上主流，急著讓自己可以被貼上標籤，深怕若不這樣做就不屬於某一個群體或某一個類別的人。這就是爲什麼人喜歡去排隊購買所謂的火紅商品，然後一定要拍照、打卡、Tag 標籤，以便讓全世界的人都知道自己也擁有了。所以那些可愛包裝的東西不斷衍生，但事實上，有些耗費資源的「包裝」壽命只有被拍照時的那幾秒……然後這些照片會讓某些人因爲沒經歷到而產生忌妒，覺得自己爲什麼無法擁有；而當沒擁有的人散發出羨慕眼光或語言文字時，擁有者又可以得到一種叫做「優越」[*1]的感受。

這就是藏在「擁有」裡的惡魔，讓人類想要爭奪與占有的欲望。經由「比較」得來的優越感是一種勝過對方的感覺，就像是血液裡藏著的生存恐懼，緊抓著執念不放，所以特別喜歡蒐集，不斷的「紀錄」[*2]，這都有可能是一種掌控，很怕沒有這些就不能夠證明自己是誰。

所以，物品的多寡可能是種比較，丟東西的多寡也可能是種競爭，我們可以從這樣的模式看見：**只要是「對立」的兩個立場，都是一種戰爭**。這些都來自於愛的缺失，不理解自己，也無法平衡內心的失落，所以才害怕錯過、害怕被排除在外，急著想要跟上潮流，想要達到目標又無法眞心付出。

而整理也是如此。因爲害怕自己若沒有跟上「丟東西後人生會變得比較好」的流行，似乎就會少了什麼，所以可能會出現「先丟了再說，反正就是越少越好」

＊1：把商品換成美食、旅遊、感情、運動、外貌的追求、特殊技能、神祕體驗……其實也是同樣的事情。

＊2：「記」錄（Record）是如實的把過程記錄下來，例如：記憶、記載；而「紀」錄是指把事物特別做記載這件事，例如：紀念日、紀念品。

的狀況，然後那些沒有被平衡的焦慮則變成越界，可能變成跟別人比乾淨、比整齊，或大肆宣揚整理的理念，強迫別人接受自己的信念，甚至是開始丟別人的東西。

這樣的狀況其實也是在政治、宗教或靈性學習裡發生的亂象，遇到理念不和就急著強行進入對方的心，想要暴力的刻入自己的信仰，要的是大家都一樣，而不能是多樣。這不叫和諧，而是重複的干擾。

所以，**「擁有」是需要眞心付出、細細品嘗經歷的過程，而不是直奔目標**。因爲我們都理解，僅僅看著山頂的照片並無法取代自己身體力行的登頂，那些一步步爬上山頭的努力與自然的滋養，無法只用簡短的言語就下定論，更無法與其他人比較。**眞實經歷過的人，才能夠重重的拿起，然後輕輕的放下；不需要華麗的包裝，因爲心裡面有光的溫暖**。每一個人的經歷都是特別的，並沒有重複的經驗；每一個人活出屬於自己的獨一無二，這就叫和諧。

別人的東西

當想要取巧的一步登頂，就會出現「不願意完整理解」或「假裝從頭到尾參與」的表象，例如：懶人包、X分鐘看完、X張圖讀懂○○事件，或「你說的我都懂」可能也代表急著接話且不願意等待別人把話說完。

斷章取義的去解釋別人，就會錯過可以看到眞相的過程。

在講座上，我常常會遇到參與者說「我覺得○○○需要整理」，因爲他的東西很亂，於是就直接貼標籤，並下了評斷。這樣的狀況在生活中常常發生，例如：成績不好的小孩，一定是不用功念書；身材不好的人，一定是不夠自律；薪水太少的人，一定是工作能力不好；單身的人，一定是個性太差；很愛打扮的人，一定很愛花錢；很愛旅遊的人，一定沒辦法照顧好家裡……

人們總是因爲看到了其中一個片段，就自行用過往的「刻板印象」解釋對方，深怕不對別人貼標籤，就無法認識對方。這是一種占有與越界，這個行爲其實是想要進入別人的領域刻下自己的意見，似乎不這樣做就無法「到此一遊」。

當對一個人貼上標籤時，不論是好或壞的投射印象，都失去了認識這個人眞實樣貌的機會，也失去了自己可以體驗到的不同感受與理解。你想要貼標籤的人事物，都是你的心念之物，因爲你把力量放在他們身上，想要占領，讓他們成爲自己的產物；因爲你還沒有看見自己。你不會對著太陽說「你只能照耀我，不能把光給別人」，但人類會想要獨占某一個人，要對方只能聽自己的話。

你說：「爲什麼我們會對其他人、動植物、土地、物品產生占有欲呢？」

我說：「因爲想要爭奪，特別是人類忘記對方就是自己的時候。」

因爲是「分別」才需要占有，而「合一」是眞正的擁有。雙手環抱的珍惜是外也是內，在輪廓與關係上互相尊敬與愼重，然後，讓愛回到自由。

你說：「我明白了，無須向他人索求，因爲我們是一體的。但如果對方要求我、越界與干涉呢？」

我說：「那就可以好好思考，如果你是對方，爲什麼想這麼做？如果你是現在的你自己，你想要怎麼做？」

「你可以不要分享」，如果對方並沒有遵守界線的原則；「你可以不要改變」，如果對方並沒有尊重你的意願。人都不想讓自己不喜歡的一面持續成長，那你爲什麼允許別人對你做你不喜歡的事情呢？不要幫別人「做」他的功課，「作」出你自己的決定並負起責任。

我們常常被無意識占有的除了物品之外，還有時間與能量。對話、文字、通訊軟體與人情，是互相擁有且交流的愛，還是被占有或緊抓不放的控制？那些無意識的索求像是：希望別人聽自己抱怨、對別人單方面說出自己的指教與評論、詢問別人卻不思如何回報等，這些行爲都跟隨意貼標籤一樣。

侵占了生命的輕盈，也加重了靈魂的負擔。

從「有」到「擁有」是一種教養，需要的是眞心的交換。當能夠清晰的明白「自己」只是存在，就不需要向外索求他人的關注，這樣終能看見自己的本質。

我們不需要活得像完美的廣告，但要活得像眞正的自己。放掉那些「不要輸在起跑點」的話，放掉過多的焦慮或想要成爲「別人眼中的自己」，那個假象會讓你不開心的思考爲什麼無法擁有外在之物，那個假象會讓你覺得自己不夠好，所以不願意負責、不想要承擔；但事實上，那些眞的不是你。

占有別人影子的自己，並沒有創造的力量。不要試圖改變對方，也不要讓別人改變你，讓每一個人爲了和諧而學習與付出，那才是眞實的擁有。

為什麼想要「有」？

當我們開始重新思考「擁有」的意義，就可以往下探尋自己的權利與義務。在這個有陰有陽的世界，我們都是需要付出才會得到，這些都是平衡的。

你說：「可是這個世界上很多東西都是免費的，不需要付錢就可以得到。」

我說：「事實上，免費的才是最貴，而錢是宇宙裡最微小的計價單位。」

就像人生第一個擁有的物品是「身體」，是父母給你的，他們沒有跟你收錢，而你得到的照顧、關愛，他們也沒有跟你收錢；就像那些你認爲兗費的物品與資源，都是因爲背後有人默默付出才能夠得到。只因爲你看不到這些代價，所以才認爲是「兗費」，認爲是「理所當然」。

「爲什麼喜歡兗費？」「因爲不需要付出。」

「爲什麼不想要付出？」「因爲需要給出代價，譬如要工作、要賺錢。」

「那爲什麼不想工作？」「因爲想要做自己喜歡做的事就好。」

「那爲什麼不做自己喜歡且又可以賺錢的事呢？」「因爲可能賺不到錢……」

這就是業，這就是輪迴。當我們無法看見「有」是來自於千千萬萬生靈的支持，就沒有感謝，也看不見自己，更看不到豐盛。大多數人只看見「自己想要看見」的細節，那是與脆弱共振；而能夠看見細節且不評斷、看見與過去不同的微小改變，那才叫敏感。

你看到的世界是讓你學習、收穫、成長，還是讓你驚嚇、受創、傷心呢？有時候人只會用自己理解的感受去解讀別人，所以關於這個世界，我們到底懂了什麼？

宇宙裡的所有事情都是一體兩面，並沒有任何的對錯、好壞，是自己的心映照出了自己想要看見的現實，是自己讓「有」變成了「擁有」或「占有」，它們只是記錄，然後播放。感謝與理所當然，敏感與脆弱，只有一線之隔。

我們需要的是好好的回到內心，也許是回到那個保有初衷的自己——回到赤子之心。

我們應該先「想」，然後去做，而不是「想要」才去做。所以，擁有是帶著初心、細心與愛心，眞實的珍惜眼前之物，在可能的範圍之內付出、感謝與負責。「想要」是占有的藉口，就像是溫柔的強盜，爲了得到自己的好處才展現善意，那其實是如履薄冰的脆弱。

人生整理的擁有與占有

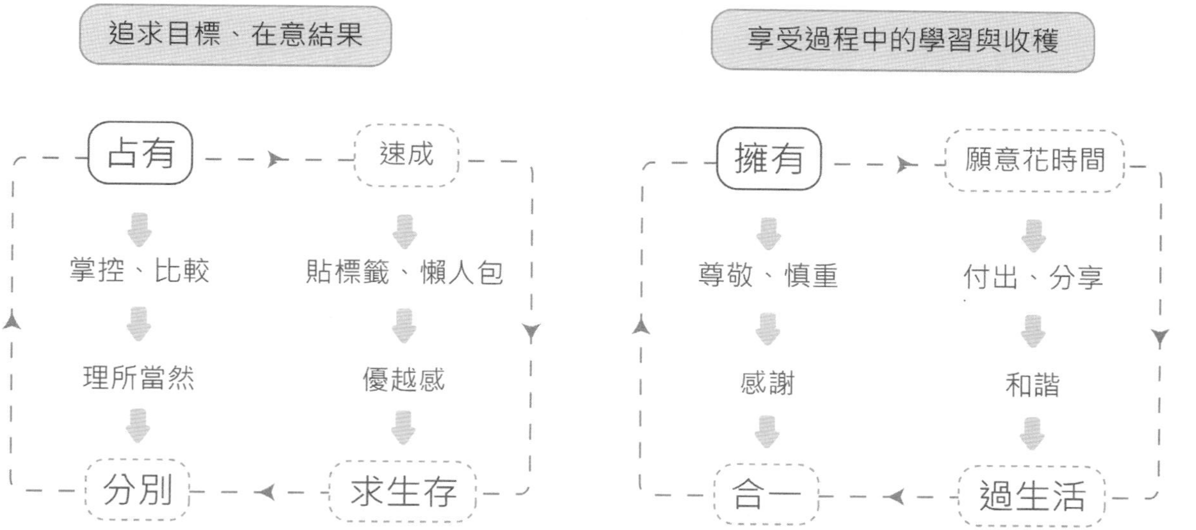

你給別人＿＿＿＿＿＿，別人就給你＿＿＿＿＿＿。
你怎麼樣對待這個世界，這個世界就怎麼樣對待你。

眞實的溫柔可能是嚴厲的，就像眞正的愛並不會有情分；願意接受衝突才可能是眞正的和平，不排除任何自己不喜歡的，叫做海納百川。有陰晴亦有圓缺，學習擁有的過程，就是帶著敏感去打破脆弱的幻象，然後回到眞實，腳踏實地的過生活。

下次你想要擁有某樣人事物的時候，可以好好的想一想，到底是爲什麼想要「有」？

商業行為是真正的公益

「擁有」所必須的付出，除了感謝與珍惜之外，更重要的是「付出金錢」。當你重複觀察自己的心與言行，就可以看到自己的軌跡；重複觀察自己身邊擁有的物品，就可以看見自己的模樣。

很多人開始整理之後就減少購買行爲，所以讓我們思考一下：購買時使用的「錢」是什麼物品？「錢」出現在人類生活裡的意義是什麼？

錢，是拿來使用的，是拿來等價交換的，意指如果沒有被使用，它就只是一張

紙而不是錢。＊

很多喜歡整理、愛丟東西的人，後來選擇不囤積物品了，但改成囤積錢卻不使用……是不是覺得聽起來有一點不太和諧？整理是讓我們看清楚什麼物品是我們需要的，什麼物品又該送它們去旅行，讓物品去到更能夠善用它們的地方，然後我們得到了更多的空間。錢也是，我們用錢去購買物品，是讓錢去支持製造物品的人，讓錢可以滋養製造者而持續創造，然後我們得到了更多生活上的樂趣（購買的商品或體驗），這就是平衡。

用宇宙的記錄與播放來說明：**我們付錢購買物品，也經由工作從別人身上得到錢來支持自己的生活，所以，若你喜歡免費的使用東西，別人也會喜歡免費的使用你。**

在此，請先深吸一口氣，將全身放鬆。

＊正確來說，紙幣是以紙為載體的複合媒材。

既然所有的東西都在記錄與播放，我們怎麼可能既愛自己又想要免費的使用別人（拿免費的東西）呢？眞相是，免費與占有都可能是種超越界線，因為與愛分離，所以才用這樣的行為索求愛；當你本自具足、理解自己，看到萬物的相連，就可以知道做的每一件事情都是在對自己做。

不是不要花錢，而是花錢需要愼重，**每一筆花費都在為你想要的世界投票**。那些不願意付錢的成為了匱乏，越界偷拿別人的東西，最終都會回歸自身。免費的東西是「需要」才拿，而不是因為「免費」*才拿。感謝有免費的東西，然後讓這份愛得以循環；就像風水與能量，是屬於所有人，而不屬於某一個人。

「付錢」才是眞正的豐盛，因為珍惜對方的能量，也珍惜自己付出的時間；商業行為是眞正的公益，眞實的讓「社會公眾的福祉與利益」得以滋養。正確的使用「錢」，讓錢發揮眞正的價值，讓它們去建構與支持你的未來，用它們來回饋與感謝。錢要拿來使用，跟其他的物品一樣，不該是占有，也不該緊抓。不買東西可以省錢，但也不會讓錢變得更多；錢跟所有物品一樣，並不是多就好，而是要讓它們發揮自己的功用來支持你的生活。

正確的使用錢，就是與這個世界的良善循環。

當你開始想正確使用錢，而不是囤積它的時候，可以參考以下建議的消費購買原則。

購買原則——材質方面：

1 **耐用**：穩固且可以重複利用，能夠使用很久的。

2 **實用**：對自己而言合適、順手，會常常拿來使用的。

3 **好用**：容易清洗，方便維修，能夠搭配現有的東西。

4 **安全**：無毒、有機或天然材質，非基因改造或對健康有益處。

＊包含工作上的福利、吃到飽的餐廳、買一送一的物品，可以好好想想是真的需要，還是因為可以「多得」才拿取？你在拿的時候，是什麼樣的起心動念？

購買原則——廠商方面：

1 **和平**：符合公平貿易原則，不歧視特定團體，遵守人道原則，不做動物實驗或不以殘忍方式取得材料。

2 **永續**：無包裝或不過度包裝，支持環境保護，使用綠色能源製造。

3 **減碳**：選擇優良的在地產品，可以租借使用或購買二手商品。

這些購買原則並不是要你挑選全都符合的完美商品，而是有意識的去支持消費。大部分人會願意花錢購買看得到、摸得到的物質，而在生活中常發生的無意識越界所得到的免費物品，大多是摸不到的東西。

‧竊取非自己的無形物品：

文字、照片、音樂、影片、智慧財產權的創作等，沒有付出卻加以使用或擅自散布。最後回到自身的可能是「沒有創作能力」，只能活出別人的影子。

・竊取非自己的能量：

水、電、瓦斯、網路、空間、時間等，沒有付出或是不珍惜的使用。最後回到自身的可能是「無法放鬆休息」，只能庸庸碌碌的活過每一日。因爲不是實體，再加上本身不夠敏感，就會以爲免費拿取無所謂，所以當自己的人生在償還這些免費的代價時，也會因爲不夠敏感而困在其中。**「使用者付費」是對自己與他人的尊重，不論是物品或體驗、看得見或看不見，付錢購買都是一種對自身價值的肯定**。

我們容易看到自己沒有的，但不容易看到別人付出的；拿取很容易，就像丟垃圾一樣，但竊取來的東西其實是往自己未來的人生裡囤積。

這就是記錄與播放，重複的讓自己體驗自己做過的事情，以便得到平衡。當自己活得不開心，就是沒有正確的使用自己；當你願意開始新的創造時，人生就會在當下重新記錄與播放。在這些行爲裡面，面對的不是別人，而是過去的自己，是藏在心裡面「不願意看見的自己」。所以，你對於自己願意付出多少呢？

照顧好自己，就是最大的慈善，只有愛自己，才能夠眞的愛這個世界。

心動、心靜、心定

當我們開始整理，選擇留下想繼續擁有的物品時，不論是否看得見那些人事物的感受與能量，很多人都會用「心動與否」來挑選——只使用讓自己心動的東西，生活會很開心；東西少一點，會覺得生活很輕盈。

當你選擇從心動走到內心，並開始明白自己想要整理的原因後，就不會再輕易跟著流行走，而是開始有意識的「理解自己與周遭環境」。或許在回頭看著「遇到不心動就丟棄」的自己時，會看到那些物品承擔了人的責任與被拋棄的傷痛。

當你從不同角度理解這些之後，回到初衷，從心、言、行、觀裡重新開始，就會走到心靜。心靜才能看到心「境」，這就是靜心的重要，而生活中的大小事，沒有任何一件是與靜心分離的，因爲「心靜」之中才會看見眞實的自己，而「心境」教導我們內在的力量與智慧。

當「動」走到了「靜」，心就有了空間與空閒，那就是自由，人生就會活得細

緻、活得優雅。知道自己喜歡什麼很重要，那叫做「理解自己」；而知道自己不喜歡什麼也很重要，因為那叫做「放下」，也是一個靜心的過程。如果丟東西只是為了得到想要的生活，那也只是從「看得見」的欲望轉向「看不見」的欲望；我們需要放掉的是藏在欲望裡的「執念」，而不是物品。

如何讓自己在家裡也會有「心靜」的感覺？你可以先觀察自己擁有了什麼東西，因為家中物品的組成會成為居住空間的頻率，也是我們人生的分鏡，就像自己身邊朋友的組成會成為人生的狀態一樣。想像每個東西的來源賣場的氛圍，就可以知道這些東西在家中組合後會產生什麼感覺，因為物品的「從何而來」也是它們本身的記錄與播放，這就是為什麼有些聖物可以觸動心靈、改變居家磁場。

如果你想要在家裡擁有心靜的頻率，以下兩大類實質物品是推薦擁有或是在整理時建議留下的：

1 **自我負責的物品：**

不造成別人的麻煩，也不把這樣的責任放在別人身上，自己創造安全場域。例如：防災救難物品——二十四小時救難背包，裡面可能有糧食、飲用水、保暖物品，以及手電筒、瑞士刀、火柴等工具。

2 **知識性與藝術類物品：**

生活中的無價之美就是文字、聲音、影像，與心境內在連結最深，讓自己沉浸在滋養的場域裡，心就可以無邊。例如：書、影音光碟、唱片等。

非常多人在整理時留下的往往是「他人」可以看到的東西，而不一定是內在之物。心靜來自於內心的安穩，不是外在的裝飾；能夠觸動內心，**讓心從動到靜，就是一個可以擁有的珍惜之物**。你有沒有想過，人只有一個身體，需要的只是一張床，爲什麼還需要那麼多不同種類的衣服、包包、鞋子來搭配呢？因爲每個人都想要特別，而且是「別人看得到」的特別。那心裡面呢？腦裡面呢？

當家裡有「心靜」的頻率時，你便有更多助力協助自己看到更多的自己，然後在心靜的氛圍內，去除心裡的囤積，走向看不見的定位。成爲靜默，就是心定。

心定是永恆，最重要的過程是從「有」消失成爲「無」的狀態，那才是物品眞實的意義，「不擁有」就是最大的擁有。所以，擁有在於付出與珍惜手邊之物，因爲這些都是我們跟宇宙借來的。

案例分享

我曾經把物品分享給他人，因為對方說他需要。當時，他說：「你為什麼要丟掉這些東西？」我說：「我不是要丟掉，而是希望有適合的人在這個當下使用它。」

在未來的某一天，當我需要這些物品時，宇宙會讓我可以再次擁有，因為在我的人生中，所有的物品都會為了支持我而來。

現在，請你再次翻開筆記本，回頭看一下你的「List夢想清單」（P.119），以及下面寫的「Question思考問題：你至今還沒實現夢想清單的原因？」（P.181）停下來花時間思索：對於夢想清單裡的那些事物，你想要擁有的目的爲何？如果有任何想要修改或補充的，可以停止閱讀，並花一些時間寫上。

只要做你自己就好，這就是宇宙存在的意義——支持你成爲你自己。

第四章／活在力量聖地

整理之路上有非常多的訊息，就像我們現在的生活一樣，充滿了衆多資訊，但最重要的就是「不斷詢問自己的心要的是什麼」。從空間裡面需要看見的是空間，因爲空間來自於平衡，而眞正有力量的就是那些在光陰間流動的美好，並放掉追求完美的執念。

完美是一種不流動的停滯，而生命是帶有時光流動的旅程。不緊抓著自己認爲的美，而允許所有發生的美，才是完整。

自己的心及態度造就一切。整理的三個黃金法則就是圍繞著愛在旋轉，建構出理想的居住空間，讓家成爲你充電的地方，成爲對自己而言最好的能量場；然後與太陽、月亮、星辰、風、水還有大地交流，形成永續的生活，讓生活的地方成爲自己的力量，內外合一。

最後的這段旅程，讓我們進入整理最重要的力量聖地——**看見自己的光，看到自己在宇宙間的定位，以及自己眞實的樣子。**

第一節　跟世界和解

世界上所有的感受並沒有好壞，就像所有事情的發生只代表著「已被完成的現實」；誰是、誰非僅存在於每個人的立場之中，當角度不同，也許想法就會改變。事實上，在不同位置就會產生不同的思考邏輯，這就是為什麼有些人在結婚、工作、出國、生小孩後，行為模式會大幅度的轉換，因為眞正變的是自己，而不是這個世界。

所以，你現在認為的理想居家，會永遠不變嗎？

所以，你現在不喜歡的人事物，會永遠討厭嗎？

眞正的「永遠」包含「所有」，有陰晴圓缺，有好有壞，有喜歡與討厭；眞正的力量來自於你替這些外在之物下了定義。這個世界不需要整理，也不需要被改變，放下那些覺得「永遠不夠」的緊張，還有那些你認為的生活中的不完美。

當你願意與世界和解，就是最好的整理。

能量之爭

當你在使用「水」清潔物品時，曾觀察過水做了什麼事嗎？水是一種生活中常見的自然元素，是一種可循環的再生資源，也是在「有」的世界裡最柔軟的東西。水可以滋養身體、清潔物品，亦可融合其他素材變成另外一種物品。它涵蓋了流動、包覆與滲透，是一種介於「感受得到」與「感受不到」的物理現象；而能量及情緒也是，它們是看不見的水，但與看得見的水同等重要。

在生活中容易遇到以下幾種不平衡的狀況，皆來自於能量與情緒的失衡，大致分爲五種感覺，而這些都跟囤積症有關。

1 視覺失衡：沒有在相對應的地方，做相對應的事

例如：過多的囤積物占據了可以走動的公共空間，或是將自家門口的花盆擺到人行道上；穿著不恰當的服飾，可能是過於裸露，或是過度濃妝豔抹；喜歡在網

路上貼炫耀文、討拍文、攻擊文；家中有大量的擺飾、紀念物；不合時宜的特立獨行等。

自然界中，每一個物種都存在於自身的安適狀態裡，除了求偶期的生理繁衍所需，沒有動植物需要吸引別人注意。**知道自己是誰的人，不需要鎂光燈，他自己就是光，即使樸素與簡單，都能夠照亮別人。**

2　聽覺失衡：沒有在流動的雜訊，以及脫離和諧的失序

例如：音量過大的卡拉ＯＫ、婚喪喜慶的喧嘩、政治人物的宣傳車、容易發出尖銳聲響的鞋子、過度用力的關門窗、帶著情緒溝通的音調與內容、打呼、非真心的稱讚、故意貶低的言語，當中也包含不恰當的電話交流。

過多的聲音讓溝通失去了價值，但沒有交流就沒有和諧；太多的雜亂讓人失去了穩定，除非回到心靜，才有機會從心境看清一切。

・眼（視覺）、耳（聽覺）的囤積狀況來自「對於行爲的上癮」及「投射自己的價值」（P.43）。

3 & 4 嗅覺與味覺失衡：關乎生存的安全危機及記憶的斷片

例如：身上有過多的香味，可能是香水、精油、洗髮精、洗衣精、乳液的味道；在沒有顧慮到他人的情況下抽菸，無法清潔乾淨的異味。食物沒有吃完的浪費、偏食或對某種特定物品上癮、無法細嚼慢嚥的享用、無法感覺到身體所需的暴飲暴食。

對自身的不敏感，導致無法感受自己的不平衡。味道涵蓋了繁衍與血脈的記憶，食物則是與自然之間的契約，如果無法理解自身，就無法看到自己在宇宙裡的定位。

5 觸覺失衡：來自內心的破洞

例如：不恰當的身體碰觸；沒有經過同意的對待；不願意或無法歸還借來的東西。

需要觸摸才能夠感覺到「有」，那是迷失於無光的混亂中，在此狀態下還持續找尋著自我。

・鼻（嗅覺）、舌（味覺）、身（觸覺）的囤積狀況來自「對於行爲的上癮」及「對於事物的執念」（P.43）。

這些感官上的失衡，從五個相連的器官走到感覺，因爲接收到眼、耳、鼻、舌、身的刺激，接著走到意（感覺），變成了因與果，然後重複播放。這些行爲都是累加與彙集，就像囤積，是看得見與看不見的糾結。而「對於行爲的上癮」本身就是一種越界，爲了獲取別人的能量，就像想要得到這些看不見的水。所以，這些看不見的水到底是什麼？

風水的智慧已經指出一條路，「水」指流動和變化，所以不願改變、固執己見的人就容易能量失衡、自身無法柔軟，並轉向外界去獲取那些失衡的東西。這些具有失衡狀況的人也被稱爲「能量吸血鬼」，他們飢渴的尋找流動的甘霖。

在自然界中，可以觀察到高水位會流向低水位；換個角度來看，能量多的人就容易被能量低的人奪走他想要的。這就是爲什麼跟某些人事物在一起的時候會感覺到疲累，這也是能量上的爭奪，相互吞食。

你說：「我們要如何防範？」

我說：「事實上，我們不用防範，因爲這些都是屬於天地之間，不屬於任何一個人；這個世界上的所有人，都是我們自己。」

當你開始防範別人偷取能量時，你的內心就會築起高牆，開始囚禁自己，也失去了流動，並產生固著狀態。所以當遇到這些失衡狀況時，並不是去對抗、批評對方的囤積是不好的，或是害怕對方吸取自身的能量，於是設結界，而是應該如同水一般，繼續流動與柔軟，先安撫自己的心，然後流向對方的心。

看不見的水可以清洗那些失序與破洞，帶來安心與平衡；而看得見的水可以清洗那些「失去光的記憶」，讓身體與物品重新歸零。水就這樣重複流轉在宇宙之間，連結眾生的愛。**眞正的界線不是畫出一條線，而是對自己有足夠的信任。**

「爭奪、失衡」只是需要水的灌溉，你看見它們的請求了嗎？

流動

每當我進入一個空間，特別是那些曾參與整理課的同學家裡，我會感覺到很多聲音、故事及記憶，它們就像自然一樣，只是展現在那裡，等著人類去發現。這從來都不是特殊技能，只是大部分的人都沒有看到；大多的時間裡，人通常是自己困住自己，牽絆過去或擔憂未來（P.141）。但其實我們需要的只是「活在當下」。

有非常多的方式可以讓自己借力使力。很多人藉由宗教、身心靈、療癒、冥想、上課、風水或是整理收納，來完成自己的夢想及目標，這些其實都只是一種過程的體驗，學習及致敬前人「定位」的經驗，但這些都不是你的。

就像收納與打掃，每個人擁有的物品都不同，使用方式與習慣也不同，除了你自己，沒有另外一個人可以比你更了解自己。如果有另外一個人說他比你更了解你，那一定是越界；只有你才能決定你的人生，所有的外在都只是一種投射與提醒而已。

你說：「所以，要怎樣才能看見自己的定位呢？」

我說：「把力量放在自己之內。所有外在的力量都是虛幻，而回到內在的途徑就是靜默，在生活的瑣碎中，與自己的靈魂對話。」

我們可以藉由「清掃靜心」達成這個目標，或是用水滋養、清潔，然後流動。水能夠解渴、暖身，也可以清洗過去的塵埃（不舒服的記憶）及身上的疲累；物品髒了也可以用水潔淨，讓黯淡的光再次閃耀。難過之時，水會變成眼淚陪伴情緒；轉換之時，水會變成汗或尿液排泄毒素……這就是水告訴我們的事。如果水無法流動、沒有滋養、沒有排出，就會持續固著，而風水之氣遇到死水就會停止。這就是爲什麼要照顧自己、善待自己跟安撫自己。

那些能量的爭奪、感官上的失衡變成了壓力與越界，我們需要的是先看見那個混亂的癥結。它來自於心，不應該用整理物品來撫平自己的心，而是藉由整理去覺察那些塵埃，讓水流向自己那個看見外在失衡的心念，接著去撫平那個「念」；而念是記錄與播放自己過去經驗的一種反應，是一種果。

當心動了念，念就是一個過去的果，也是一個新的因。所以，因果的有無在於自己，而物品只是記錄與播放。就像有人想藉由整理變有錢或招桃花，但他需要的僅是往內看看自己的心念——為什麼想要有錢、有桃花？——並讓水去撫平那些失衡。

當我們出現在宇宙之中，從過去到未來都是「本自具足」，那些「分別心」才是我們需要整理的原因。當你無法整理，覺得雜亂、情緒暴躁、傷痛與悲哀之時，就讓水滋養你吧。停下來喝杯水、洗把臉、沖個澡，用水清潔物品，或去大自然走走，讓看得見的水引導看不見的水，以協助你滋養自己。

聆聽

眞正想要整理、清掃的時候，第一件事就是要照見自己的心，因爲這些生活點滴都是可以與靈魂交流的時刻。我們不用情緒去整理，因爲那不會有眞實的決定；我們不用情緒去清掃，因爲那不是適合的態度。

人生的整理要從「動」走到「靜」，它不在喜歡的興奮中，也不在討厭的憤恨中，讓情緒離開後，由心境去做決定。需要讓它離開的，其實是「看不見的情緒」，而不是手上那個你覺得「不需要的物品」。

所以，請花點時間回到內心，深呼吸，釋放那些不屬於當下的人事物，安靜的、慢慢的感受自己與物品的振動。所有的東西都在唱歌、都在訴說古老的故事，房子的記憶與靈魂的前世今生都是一種能量，它們變成有形的物品與無形的意念，飄散在空中。

「整理」不是丟掉物品，而是看到爲什麼使用，或是送它們離開。**過去的記憶需要的不是釋放或淨化，而是「理解」**，當我們可以理解自己，就能夠看到眞相，這就是生命的和諧。如果你無法當下就開始動手整理，那就先安頓自己的心，好好聽清楚那些在忙碌日常生活中聽不到的細細麻麻的呢喃。回到心靜，就可以穩穩的觀看一切的發生與流動。

心動，是水的漣漪，符合這樣律動的，就是自己的心動。所以，好頻率與壞頻率*是以誰爲基準？——「自己」。

當一個人的情緒非常暴躁時，去圖書館可能無法安撫他，但去夜店跳舞可以讓他發洩壓力。所以，對他而言什麼是好、什麼是壞？每一個人都不同，或者說每一個人的狀態改變也時時都不同。由此來看，理想居家到底要用什麼標準來整理與規畫？是書上寫的心動、網路上說的極簡，還是你自己的感覺比較重要？使用物品的基準是自己，我們要捨去的是執著，而不是證明給別人看或要別人一起做。

不整理也沒關係，因爲自己認爲的整齊，校準的是你的心。

---

*頻率也可以泛指風水、磁場、能量。

你有沒有「聽見你的心」正在說話，你周邊的物品也在說話？——它們想要支持的是你，不是別人。

物品說：「眞正的美，是讓你覺得自己很美，而不是把我們擺放成社會價值認爲的美。」

我說：「生活中的美，來自於你。當你愛自己時，夢想就會開始綻放，就像花朵盛開時的能量，全宇宙爲之屏息。」

你說：「可是我擔心不符合……別人的期待。」

我說：「所以你選擇封閉或僞裝自己，來成爲他人眼中的『好』？」

當你關上門與自己獨處時，請問問自己的心；當你打開門，跟世界、其他人在一起時，請再問問自己的心：是別人重要還是自己重要？我們展現的言行是否與心眞實合一？你有正確使用過自己的「心」嗎？

在物質文明興盛時期，我們用固態的方式硬碰硬，遇到外在不好的東西，我們抵擋、對抗，並把自己包起來，設結界保護自己；走到文明交替時，固態開始變得柔軟，我們開始用消融來讓那些不舒適的東西留在線外；現在則開始進入靈性文明，所有事物開始連結，我們不需要再用泡泡來包覆自己，而是開始流動——看見自己所想，看見自己所要，然後安撫自己。

成爲了「水」，然後成爲了「風」，只要是自己所處之地，就是神聖。這就是人的風水，這就是神聖之地，你所在的空間中充滿了力量，周遭的物品、場域、人事物都是爲了支持你而來。我們不在事物的兩端擺盪，不劃分喜歡或討厭，而是站在中間，心不搖擺，平靜的看清事實。讓「心靜」選擇現在所需，不強求、不執著也不占有。

當心回到平靜後，請聆聽靈魂的聲音。我們看見了心定，看見自己在宇宙裡的定位，看見自己，看見生命，看見人生所爲何來。

看得見與看不見

你說：「可是我覺得自己不是一個敏感的人，對於那些細節或是看不見的能量沒有感覺。」

我說：「其實每一個人都是敏感的人，只是忘了，因爲太久沒有人告訴你『你應該聽自己的』，而不是聽我講的。」

這個世界過於快速，所以明確的訂出是非好壞，訂出什麼是應該買的物品、應該丟的東西、如何收納才是好媳婦、如何整理才是人生勝利組……但是，這些都不是你。

我們看不見愛，但是可以感受到愛的喜悅；我們看不見恨，但是可以感受到恨的痛苦。這些氣氛與場域的能量就是「風」，所以看不見的風水其實存在於每個人身體裡面，只看你願不願意去感受。你不是感覺不到，而是忽略。

當內心的空間沒有空閒時，就會無法流動，此時人也只能用過去的經驗來決定事物、用他人的價值觀來選擇人生。這些來自於過去的未竟之事、沒有回家的幽靈訪客，都在用自己過去的囤積消耗未來，如此一來當然看不見。當我們眞的願意開始整理時，重要的是認出它們，看見周遭的物品正在無條件的支持自己。

現在，請你翻開筆記本，找到居家規畫那一頁（P.128），重新好好的審視自己寫下的文字，包含重新分配分數後的內容，然後請你替自己的居住空間取一個名字。你可以花點時間想一想，想好了之後，請翻到下一個空白頁。

Set Up 調查現狀

為你的居住空間取一個名字。

你也可以在下方標註此名字的發想及由來，它可能融合了你的理想居家條件；此外，也須涵納你現在的居住環境。

當你認出你的「家」並給它一個名字，就可以與它一起回家。

《老子．道德經》第一章〈體道篇〉提及：「無名天地之始，有名萬物之母。」「無名」是天地的開始，「有名」是萬物演生的母親，當你給了「物」一個形名，你就成爲那個物的創造者；當你給了空間一個定義，它就開始充滿力量，成爲爲你而來的神聖。從此，你的居住空間就是你的聖殿、你的天堂、你的宇宙。

然後，當你在你已定義的居住空間裡開始整理時，物品就會連結源頭，協助你藉由整理看見人生的方向，**讓「看得見的」引導「看不見的」，讓空間裡有空閒，讓時間可以在生命中駐足**。眞正的「形隨機能」在於萬物平衡，而眞正的風水就藏在每個人的心境之中。是心動……還是心靜？最重要的這件事，永遠要往內心問問自己。

第二節　萬物皆有靈

「萬物皆有靈」（Animism或稱為泛靈論）是一種古老的信仰，認為天地萬物都有靈魂，涵蓋動物、植物、環境、天氣，以及語言、繪畫、建築或其他人工產物。當物品開始對我說話的那天起，我就知道我們有共同的命運。

二〇一六年的某一天，我開始發現一些以前看不見或聽不到的東西；現在回想，以前並不是眞的感覺不到，而是忽略了。那些細細麻麻的聲音其實來自於生活周遭，祂們一直在那邊說話，直到某個心的空閒出現後，才終於被聽見。

我開始看見在空間裡存在很久的祂們，開展一段奇妙的旅程。

家庭小精靈

我稱那些在空間裡見到的存在體為「家庭小精靈」，也許有更好的名稱，但我不覺得祂們會在意。這些存在體給我的感覺像是日本的座敷童子[*1]，但祂們並不是人的形體，而是更接近《山海經》[*2]裡的奇獸。

這些存在空間裡的小精靈，我不知道祂們何時會出現，就像物品的聲音一樣。我並不是跟祂們連絡，而是在需要之時，祂們會展現給我看、說給我聽。

這些小精靈並非像電影畫面般突然出現，而是給我一種很清晰的感覺，就像腦裡的螢幕多開了一個視窗，我只是剛好連上了那個網址，然後我可以從視窗裡看到這個空間的「守護者」。祂們不是天使，也不是薩滿的力量動物，祂們更像是家中的寵物，散發安全、舒適的氛圍。家庭小精靈就是為了守護空間與主人而來，跟物品一樣，默默的在那裡展現宇宙的愛。

我看到的小精靈大多呈現動物形象，少部分則是植物形象，例如：穿西裝戴懷錶的企鵝、有著鳥類翅膀的老鼠、擁有彩虹尾巴的朱雀、身體像棉花糖且有小翅膀的羊駝、浮在半空中打坐的熊、身上有花的馬來貘、擁有小手小腳的球藻、根扎得很深的雙生樹。

第一次看見的時候，我只覺得為何腦海中一直想到這個畫面，我無法解釋，因爲太過奇幻又具體。我遍尋相關資料，但都沒有得到一個確切的說明，然後我就默默的跟隨內心的渴望，在空間裡找出家庭小精靈的「方位」，在那裡放一盞燭火、一盆水或是一面鏡子。完成這個儀式之後，我跟房子的主人都可以感受到空間有些微的不同，開始變得安靜、平穩。也有很多人因爲每天靜下心來進行點蠟燭的儀式，生活開始變得順利或升官加薪，不少同學也開始在空間中感受到家庭小精靈的存在。

我不覺得這些小精靈屬於任何已知的信仰系統，我倒覺得祂們是整體空間與你自己（居住者）交流出來的「品質的投射」。祂們充滿著愛，並告訴我們一切都是中立的，我們此生來此的目的就是要「活出更好的自己」。

所以，**家庭小精靈其實是「來自於我們的另一個自己」**，祂們用衆生萬物皆平

＊1：座敷童子是日本岩手縣傳說中的一種精靈，是住在家宅和倉庫裡的神。傳說座敷童子會為見到祂的人帶來幸運與富足，是掌管家庭興衰的守護靈。

＊2：《山海經》是中國先秦古籍，記載了怪奇地理及民間傳說的妖怪。

等的視角，來提醒我要好好照顧自己，並讓我變成我們。

自從開始聽到物品說話、看到家庭小精靈後，我覺得腦袋裡似乎有些東西被打破了，想法與視野的局限慢慢剝落。這在人生整理課裡是一個重要的轉變，原來這些生活中的覺察與照見比我們過去所想的深刻許多，不論我們知不知道、感不感受得到那些看不見的事物，我們眞的在共同的命運裡面。

「牽一髮而動全身」，我們從來都不是一個人，我們永遠都不會寂寞，能夠在這個當下相遇，都是因爲千千萬萬的「念」交錯而成，也是衆多靈魂的愛，才有現在。

我們的相遇不是爲了償還，不是因爲做錯什麼，而是因爲需要「理解」。

把那些以爲眞實懂了的言行舉止及無意識的態度重新整合爲一，讓「分別心」離開，讓我們成爲眞實的自己，這就是眞正的人生整理課——從看得到的走入看不見的，從身走入心，然後與靈同頻合一。你的眞實力量之地來自於當下身心靈的品質，這就是屬於你自己的聖地。我們不需要向外證明什麼，物品與整齊都只是虛幻的，而知者不言、言者不知，眞正的神、佛、高靈，甚至是家庭小精靈，都是你自己；一旦理解自己的神性，就更能明白「衆生一體」。

靈性即生活

所有事物都有靈性，包含每個人、動物、植物及物品，而且沒有尊卑或高低之分。很多人因爲覺得自己比較有靈性、有特殊能力、敏感，就認爲自己與他人不同，事實上，我們都是不同的，也都是相同的。

對於創造萬物的衆神而言，每一個成爲物質的東西都同等重要，都是爲了讓世界更美好而出現在宇宙裡。所以，每一個人事物都有自己獨特的位置，他們不重複也不一樣，但對於愛都是相同的，就像是出現在你人生裡的每一個人或物品，都是在「那個瞬間的當下」與你創造了重要時刻。在我的心裡，每一個人事物都有不同的位置、都是重要的，因爲他們組成了我的人生。

所以，當你願意放掉分別心、困擾自己的情緒，並眞正在生活的點滴中落實細微的覺察，那就是最眞實的靈性。

因爲，**靈性就是在各種關係中達到平衡的最佳狀態**。

我們也可以稱之爲「和諧」，而深植靈魂平衡的物品就是「心的動靜」，這就是靜心的重要；回到自己最自然的狀態，這就是「平常心」，跟日常生活的習性相同，所有的記錄與播放都是照見自己的本質。與其藉由整理達成夢想，不如讓夢想的行爲模式在生活中落地開花，生活的點滴才是最大的記錄與播放，而不是那些「特別的」或「特殊的」整理、打掃、風水、冥想、修行。

所以，人生的整理讓我們從生活中看見靈性，藉由許多資訊讓我們理解：放下那些「執著於表象的無知」或「被情緒綑綁的分別」，尊重與珍惜每一個人事物，並讓他們流動。

「無緣大慈，同體大悲」，與自己有緣之人事物，盡可能的找到適合的平衡狀態去使用、交流、對待；而無法達到平衡的，就讓他們去到更適合的地方。「不相見、不使用」不代表不珍惜或不愛，只是不適合，理解之後就能夠放下，不拘泥於「愛就是一定要在一起」。世界上所有發生的事都是爲了讓自己成長而來的，選擇與什麼樣的人事物繼續生活很重要，而放手讓怎樣的人事物離開也很重要。**一起生活的是空間的品質，而放手離開的就是空閒的智慧**，這就是每一個人的命運。

成爲一個謙卑的人，並對每一個行爲負起責任，這就是最好的修行。生活即是靈性，而每一個人都適合，每一個人的命運都是靈性的道路，都是靈魂成長的過程。

物品會說話，我們的生活空間就是一個生態村，所以請照顧好自己，用心去維護生活周遭的事物就是在拯救世界。若你每天都好好關注自己的居住空間，跟它們產生連結，這些物品、空間、房子、土地也會保護你，並且支持你的生活。

案例分享

有個朋友曾經發生一場嚴重的車禍，差點死亡，幸好最後只是身體受傷，而車子全毀。在緊急關頭，他發現車子很多地方都潰縮了，但剛好留下一個空間，讓他可以活下來。

他說：「我在發生車禍的前一陣子，才剛為那部開了多年的車子進行很多更新及維修。」

我說：「因為你照顧了車，車也會照顧你。物品用它們的愛，讓我們可以活下去。」

物品的使命就是讓人類使用它們，就算粉身碎骨，它們依舊盡可能的支持人類，這就是物品對人類的愛。

如果你願意，請在生活裡創造一些與靈性連結的方式吧！不一定要做任何需要排場的儀式，而是創造一些屬於你自己與內在連結或轉換的行爲。就像我爲家庭小精靈點蠟燭的儀式般，是一種準備與空間場域連結的方式，讓自己回到當下，並用平靜的心開始做清明的事。

我會用「整頓」來形容這樣的儀式，把需要的東西依據需求，擺放在當下需要的位置。

「整頓靜心」的步驟：

第一步：拿出可以讓自己準備好的物品，並擺放在方便拿取的位置。可能是點一盞蠟燭、泡一杯茶或選定適合的音樂，然後讓自己進入深深的靜默，可能只是啜飲著茶湯或聽著歌曲的旋律。如果需要的話，可以做三個深呼吸，讓身體放鬆，讓不屬於當下的事物流走。

第二步：開始做應該要做的事，不論是工作、打掃或運動。慢慢的開始，讓自己進入穩定之流；當發現自己想要「快」的時候，可以再次的深呼吸，釋放它們，讓自己回到適合的步調。

整頓就是將需要的「心念」專注的與當下在做的事情連結，此時就產生了「定位」；當走到了定位，場域的能量就開始展開，這就是「風」，讓失衡離開，而「水」得以流動，並慢慢的向下滲透進入大地。在你不知道的時候，這些「看不見的」正在作用；在你專注與相對應事物進行創造之時，宇宙的星辰正在協助著你。

讓心整頓好，這是在日常生活中就可以做到的儀式，是一種靈性的連結，而整頓中出現的風水場域，就變成你當下的力量聖地。

讓物品去旅行

在正式開始整理每一個物品之前，有些練習是可以馬上做的。請翻開筆記本，書寫以下內容。

List 待辦清單

待辦清單就是那些未竟之事，以及藏在生活中的幽靈訪客（P.167），包含三個黃金法則（界線、零廢棄、擁有）。你可以把想到的列出來，或是參照居家規畫裡的比例做調整。帶著你的筆記本，走到生活空間裡一一的列出來吧。

進行一對一整理課時，我會跟著同學一起走過生活的所有角落，一路從自己的空間走到公共空間，這樣的練習也包括門外、樓梯間、停車場、工作場所，以及仍放在老家的物品。

待辦清單的長度有時會讓自己訝異：原來在不知道的時候累積了這麼多的壓力。這是屬於你的作業，不需要一口氣就完成，可以花點時間慢慢寫、慢慢做，搭配「清掃靜心」（P.165）「整頓靜心」（P.299）會是不錯的方式。若你覺得自己有更好的方式，那就去進行，因爲這是屬於你的整理之旅，只有你的心是唯一的標準。

在你做這些練習的時候，可能有些物品已經確定不會再使用，那就要送這些物品去旅行。這些離開我們人生的東西有不同的層別，所以要用不同的處理方式。以下是「讓物品離開」的步驟。

第一步：先區分爲「可再使用」或「不能再使用」。

第二步：不能再使用的分爲「分類回收」或「直接廢棄」，請記得要符合各地區的回收規定，善盡清理及拆解責任*。丟垃圾時請多爲幫助我們處理垃圾的人著想，也盡可能減少會造成野生動物傷害或破壞土壤及海洋的狀況（見P.307「丟垃圾也可以行善」圖表）。

第三步：可再使用的物品需要重新清理與淨化。

讓物品離開你的生活之前，請好好清洗乾淨或修補，這是你能夠做到的照顧。

請將它們放在一起，拿出可以協助淨化的物品，例如：鼠尾草、聖木、粗鹽等。

若你沒有這些東西，就請好好對它們做出深深的「感謝」。

感謝它們，並收回自己的投射，讓物品上的記憶重新歸零。

第四步：將可以再使用的物品分享到可以再被利用的地方。

你可以送給需要的人或捐贈，記得讓對方理解：**並不是你不要，而是那些物品現在已無法支持你，所以才選擇分享出去。**

這樣的整理對小孩而言也是重要的學習，請讓他們學習「分享」物品給其他人，而不是把不要的東西丟給別人。事實上，小孩是最適合培養極簡主義的人，讓他們珍惜的使用每一個物品，如此一來，他們在未來的人生當中就會更明瞭該如何選擇。

＊須拿到垃圾車上或社區的垃圾場才算完成，放在居家內或占用公共空間都不能夠算是處理結束。

不要將物品強塞給家人，那是越界。請善用社交媒體分享給朋友，也可以藉此聯繫感情；或是尋找適合的公益機構，確保對方需要自己捐贈的物品[*1]。記得，捐贈與送出不是用來消除自己罪惡感的決定，而是對自己行爲負責的舉動。

第五步：約定好處理時間，送出可再使用的物品。

當已確認好物品要送去哪裡時，請爲物品貼上紙條，寫下送去的地方及轉贈的時間[*2]。這是一種「咒」，代表著約定，讓物品可以好好離開，而不是變成家裡「出不了門的旅人」（P.167）。

第六步：打開窗戶通風，讓日光或月光映入空間。

這步驟是整理後的清潔，讓「自然與愛」可以流動。有時我會點蠟燭，停在這個安靜之中，回顧自己。

把物品送出是一種改變過往的行為模式。不要嫌棄曾經的自己，不要覺得過去的囤積不好，因爲在那個時候，物品也曾支持了你；而你已努力的走到現在，重新更改了「業」，把能量分享給需要的人，形成了循環與共享。

現在，你已經知道該如何讓看得見的物品離開了，但看不見的呢？你可以靜心，或到自然中走走吧！那些負面情緒正在提醒你需要重新充電，找個可以踩踏的草皮，赤腳接接地氣，讓身上的電荷回歸平衡。

待辦清單不會憑空消失，可惜的是家庭小精靈也不會幫你整理，你需要靠自己的決心「動手去做」。試著清潔自己可以做到的地方，讓家裡的每一個區塊都可以被翻動，這樣的練習就是走入理想居家的開端，也能讓夢想開始綻放。

＊1：亦可以賣出或交換，但重點需要放在找尋適合且可以再使用的主人。

＊2：當確定自己不再使用時，請讓這些物品統一存放於相同之處，這就是需要處理的待辦事項，因為好好找到物品的去處是對過去的告別。若是因為整理而出售，也須訂好銷售的時限；若沒在規定時間內賣出，須再進行處理，避免再次成為囤積物。

看得見的物質是凝結的愛、是能量的實質化，跟人類存在同一個現實當中；而看不見的世界可以給予指引，所以請借力使力，讓這些記載著靈魂碎片的物品透過整理，重新活出人生的最大化。

人生整理課的過程，就是更加「通透」自己，透過理解自己而理解神，透過理解物品去理解愛。

丟垃圾也可以行善

		✕ 錯誤方式	◯ 正確方式
尖銳物品 保護處理者	竹籤、牙籤 ☆1	直接丟垃圾桶	尖銳的頭「先折斷」再「對折」後丟棄
	碎玻璃、大頭針、刀片	未妥善包裹即丟棄	用廢紙仔細包裹並「標示內容物」再丟棄
危險物品 保護處理者 保護處理場	高壓瓶罐、有機溶劑噴霧罐 （殺蟲劑、瓦斯罐、髮膠、芳香劑、塑膠打火機等）	直接丟棄恐造成爆炸	須回收
	滅火器及瓦斯桶	直接丟棄恐造成爆炸	須回收
	化學液體 （包含手機殼裡面的亮粉液體）	直接丟棄恐造成爆炸	須請「適合單位」回收
	鋰電池	直接丟棄恐造成爆炸	須回收
	粉塵 （奶粉、麵粉、調味料）	直接丟棄恐產生火花	須「弄溼」，避免產生火花 （可與液體混合當作廚餘回收）
	焚燒類殘餘物 （金紙、香）	直接丟棄恐成為火苗	須餘燼全滅並「與水混合」後丟棄
微細塑膠 藥物藥品 維護生物鏈	隱形眼鏡	直接沖馬桶或水槽	丟垃圾桶
	藥品 （一般藥品、基因毒性藥品）	直接沖馬桶或丟廚餘	⊙一般藥品：將藥品與藥水裝在夾鏈袋混合茶葉、咖啡渣密封後丟垃圾桶 ⊙基因毒性藥品、針具：送至鄰近社區藥局或醫院藥局的居家廢棄藥物檢收站
小彈力圈 硬塑膠圈 友善動物	橡皮筋、綁髮圈 ☆2	綁便當盒造成貓狗束頸	便當盒清洗乾淨不綁橡皮筋或「對角線」方向綁便當盒後紙容器回收
	塑膠瓶蓋圓環 ☆3	直接丟棄造成鳥類束喙	塑膠環剪斷後丟棄或回收 寶特瓶壓扁將瓶蓋鎖回後回收

☆1

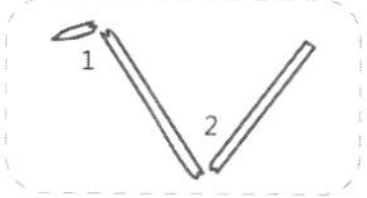

☆2

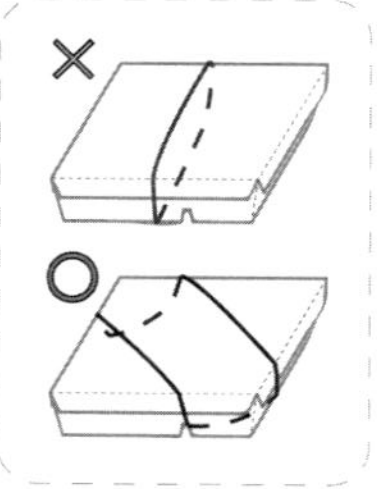

☆3

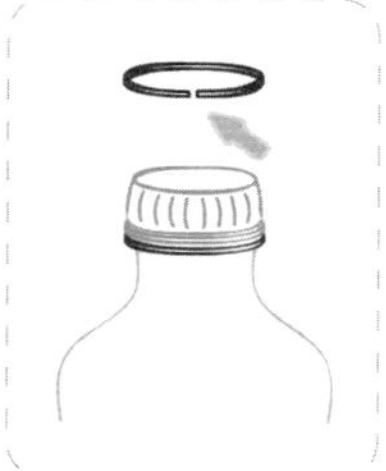

第三節

物品的排列重演家族故事

在整理的過程中，我發現一些看不見的力量正影響著每個人的行爲模式，特別是原生家族的議題，似乎有一種「隱性」的模式連結到自己的血脈，重複著家族的「業」。整理之路的流動讓我看見了這個現象，並引導我走向家族系統排列的道路。

家族系統排列是由德國心理學家伯特．海寧格所發展出的心靈工作法，屬於心理諮詢及療癒領域，擷取了維琴尼亞．薩提爾的家族治療概念及冰山理論，以不同的角色互動來探討人們所面臨的心靈狀況*。

每一個家族成員就像星辰一般，每一個人各有一個序位，而整體具有一種模式；透過團體動力學（或稱爲群體動力學、集團力學）及現象學的取向，搭配催眠的應用，讓所有參與者可以從中領悟愛的生命之道。它與心理劇的不同之處在於，系統排列不是扮演角色，而是重視感知力（或稱爲直覺），僅跟隨著場域中的流動做出行爲上的反應。它是一種被「發現」的知識，而不是被發明出來的，我在整理中也觀察到，物品的排列、擺放的位置對於居住空間的場域流動亦有同樣的現象。

內在的多重人格

我們的內在有父親、母親的血脈，包含生長環境的因素，每一個沒有被完成的課題都可能變成一個人格，代表著「等待完成」的面向——可能是不願意面對的黑暗面、憤怒時的行爲、失心瘋的購物，或者是不願意負責任的丟棄。這些人格來自於過去的課題，藏在冰山底下，當遇到觸發點時，內在的某個人格因爲情緒

＊另有組織系統排列，較針對企業管理、人事糾紛、選擇等。現今有很多不同種類的排列方式，其根源的依據及工作方式也略有不同。

需要被看見，所以展現出一些行爲模式，以便平衡那些沒有出口的能量。

這往往也是很多人在使用金錢時的誤區——花錢購買物品或享樂是因爲內在的某個人格需要。特別是當家族中的某些人事物被「排除」時，空間場域裡出現了一個破洞，不管意識上是否知曉，家族中的每一個人都會感受到那個不平衡，所以，就會有人填補那個位置；而不管那個人是誰，家族裡的其他人都會用自己的方式去撫平那個不平衡，有可能是成爲購物狂，或是囤積物品、拚命丟東西、對食物及體驗上癮……那些過多或過少的行爲都是在填補失衡。

這些填補失衡的行爲通常來自於兩個狀況：

1 **家族行爲的重複**——無意識的認同家族內的思考邏輯。

2 **生命過程中沒有被滿足的情感**——特別是小時候無法擁有的關愛或物品。

所以，原生家庭的模式會重複在自己的人生當中：因爲父母很固執，所以小孩也很固執的對抗；因爲父母很愛囤積，所以小孩也可能很愛囤積，或是反向的很愛丟東西。

失衡來自於天秤的兩端，認同的變成一樣，不認同則一定要變成不一樣。這也是爲什麼人類在愛情中往往會尋找有父親或母親影子的對象，因爲冰山下的人格會牽引自己走向那些需要被看見的課題。

這就是那些沒有說出口的話及被隱藏的情緒。所以，眞正需要整理的是內在的多重人格，讓這些沒有被平衡的面向可以被整合，放下家族的「業」，理解每一個人都有自己的選擇，尊重過去，不否認或對抗。因爲有這些前人、長輩的血脈，才有了我們，而當給予他們尊重，並在內心留一個位置後，我們將可以離開那些過去的課題，走回當下。

若我們開始願意「理解」家族的故事，就可以走回自己的位置，回到歸屬，這就是看不見的整齊；當我們「理解」家族的整體，就可以知道爲什麼會被這樣教育，這就是看不見的教養。我們是延續家族的血脈，需要進化與成長，所以「整理」就是讓內在可以被整合，讓未定位的混亂藉由自己的內在力量，做出最適合自己的「選擇」。

家族故事與生命的意義

許多人與自己及結婚對象的原生家庭有很大的磨擦與紛爭，這其實是人類的循環交替。每一個新來的生命都是在衝撞原本的制度，因爲這樣才能夠讓無意識的癥結被看見，這些違反傳統的叛逆其實是演化的重要過程。

生命需要進化與演化，若是不改變就會消失，因爲宇宙的本質是混亂，只有「改變」才會繼續向前。太陽、月亮、星星都在宇宙中不斷的移動，它們在看不見的流動上旅行。不變是一種停留，也是失衡的其中一個原因。

眞正的傳統是依據文明演化而成的，是一種具有生命力的文化；而傳承是根據成長及進化而成，會承接上一個文明的優點，繼而變成新的文化——意思是，生命是留下對家族的優勢，然後放下阻礙前進的缺點。所以，保留前人的遺物（想法、物品或是傳統行爲），其重要性在於讓這個家變得更好，若不是如此，就會變成一種制約。

與家人同住時，除了平均、平等的界線之外，重要的是找尋對方的優點。對於那些喜歡囤積的長輩，仔細的想想有什麼優點是可以從他身上學習到的；對於那些喜歡丟東西的晚輩，好好的想想爲什麼對方跟我不一樣，並找出弄髒家裡的行爲模式從何而來，以及維持家裡整潔與乾淨的緣由。當你願意去「理解」對方，他人的指指點點與紛爭就會開始瓦解，因爲那些摩擦是內心沒有被安撫的角落，我們不需要用抗爭來面對，而是看見事實並尊重每一個人的選擇，然後擷取對方的優點，繼續往前。

你說：「可是我覺得那些喜歡拿免費東西的行爲，或是在那些喜歡貪小便宜且有匱乏心態的人身上，找不到任何優點可以學習啊！」

我說：「當我們遇到找不出優點的對象時，其實才是可以學習最多的，因爲他們是我們內心最深的受害者。」

花時間去觀察、理解，他們之所以會出現在你面前，就是爲了協助你找出自己深層的失衡，這也是生命的意義，讓不明白的可以被理解，讓無意識的可以被看見。每一個人的家族都不同，也有著不同的故事，而生活空間內的物品就這樣記錄著家族血脈的習慣。整理就是區分需要及不需要，對那些讓自己無法前進的可有可無放手，才能夠讓新的活水進到生活當中。當完成那些家庭關係內的課題後，就會走向自己的道路；若是逃避，就會在未竟之事內重複家族的模式。

這就是從「我們」變成「我」的學習，然後有一天會從「我」再回歸到「我們」。到那個時候，我們做的每一件事都在榮耀這個家族。

人生與整理就這樣一段一段的往前，與每一個當下不停循環，每一個空間與空間都在支持你，讓你過得更好，然後理解自己是誰。

還記得之前我曾經問你一個問題嗎？——**誰去做評分的那個人？**＊（P.21）如果那時你想到的不是自己，我建議你現在可以停下來好好想想那個人與你的關係：他是不是你內在某一個人格的投射？然後，請深呼吸，並好好的感謝對方，想像他就站在你的面前，讓我們一起說出以下的宣言：

我是〇〇〇（你的真實姓名，這一句請重複三次），
我會對我的人生負責，
我尊重你的人生，但我有我自己的想法，也請你祝福我的人生。
現在我要回到我的位子上，做我自己。
（這兩句請重複三次）

〈整理之路的完美宣言之四〉

讓他回到他的位置，而你回到你自己的序位，找出平衡，這就是做你自己。這些整理之路的完美宣言是屬於你自己完整的美，來自於你理解自己的光，而你的美就是宇宙間最好的能量。

＊聽到這句話的當下，若你發現突然有其他人的影子在腦海中浮現，也可以跟著一起做以下的宣言。

什麼是真正的家？

讓你自己的力量最大化，就是家族最好的延續，我們不需要背負他人的期待，因為那不是你的。你的人生需要由你決定，你生活空間的舒適度也是你的選擇，不需要特別看書上寫的、網路說的，或是父母的介入及朋友的干涉，那些名人也不是你需要追隨的，那些都不是你。

整理就是做你自己，然後讓不屬於當下的人事物離開。

在講座裡，我常常遇到很多女性說她最想丟掉的就是她的老公。這些你想要離開的家人，不管是血脈或姻親關係，其實都來自於你內心裡囤積的垃圾；他們展現出來的行為讓你覺得不開心，就是一種提醒。這讓人不得不面對自己的黑暗面，若你選擇逃避，宇宙就會把這個課題囤積在未來，讓你再次面對，可能會變成工作上的問題、朋友間的摩擦，或是自己將來的小孩會重演此模式。

每一個人都需要家，不只是形式上的空間，更重要的是提供安全感及歸屬感，因爲家是寄託情感的地方。如果沒有眞實的情感交流，家人只是一種可有可無的假象；若有眞實的情感連結，那不管是不是法律定義的家人，似乎也沒那麼重要。世界上的所有人都是一家人，而在靈魂層面，所有的生靈都是一家人——對於宇宙而言，看得見與看不見的，其實都來自於同一個源頭。

我們需要的不是把東西丟掉、把人推出生活，而是明白自己做這件事的原因，是爲了讓自己更好，抑或只是滿足情緒的需求？屬於自己的舒適裡不包含垃圾，那些危害健康的髒亂也不能稱爲適合自己。壞掉的東西應該好好的維修，就像物品需要好好的清潔，而我們則需要好好的聽從內心的聲音，撥開表象的虛假，找到如何才能讓自己眞實的平衡。

現在，請你翻開筆記本，花點時間從頭檢視到目前爲止寫下的內容。如果你需要，可以先做個空閒的休息。

也許裡頭有些你想要更改的部分，那些被修改的內容是某些無法支持你當下的誤解。不管是錯字或是被改掉的內容，都不代表不完美，我們不需要否定過去的自己，它們是我們的一部分，努力的協助我們重新審思。

曾經的過去都支持了現在的自己，我們做出的所有選擇都要依循自己的心，並看見生命的流動，因爲有些人事物一轉身就是一輩子。每個生活點滴都建構了未來，是繼續還是分離，每一個片刻都需要更多的「愼重」，每一句話、每一個行爲都能產生巨大的影響。

沒有人該承受別人的越界，同樣的，也沒有人可以被占有。讓曾經的發生變成人生的養分，讓每一個人都成爲他自己。不要背負著對他人的責任，也不要讓自己變成他人的負擔；珍惜留下的人事物，尊重離開的人事物，我們都在愛裡面學習，而我們都是永遠的一家人。

第四節　屬於你自己的旅程

家庭小精靈說：「看見自己的光芒，而不是看別人的夢想。我們也許會迷失在外界的虛幻裡，但內心的力量會不斷的提醒自己。」

身爲人生整理旅程的導遊，我分享的是一個可依循的方向，讓你在過程中找出適合自己的方式。每一個人都是獨特的，每一個個別狀況也都是重要的，你才是這趟旅程的主角，在整理之路創造新的經驗，讓你用自己的方式去進行。

整理不該只是挑選、分類、收納與丟棄而已，太多的「快」與「表象」讓人們用替換物品來取代生活的細節，花錢購買心動的東西或不花錢使用免費的東西，都可能是在逃避生活。曾幾何時，人們對於珍惜物品所付出的時間及態度改變了？在物資缺乏的年代，人們對於物品的尊重落實在每日的使用、清潔與修繕裡，這些都是生活的點滴，也是生命的本質。

你說：「所以眞的不整理也沒關係？」

我說：「如是因，如是果，記錄與播放不會消失，也無法抵消，重要的是當下的心念與隨時的重新創造。」

藏在美麗藉口裡的失衡

在我協助居家整理時，家中的囤積或髒亂其實是比較容易處理的，眞正棘手的反而是已布置過的空間。囤積是一種看得見的提醒，藏在美好表象背後的陰影反而有更多的謊言，就像看起來極度樂觀並推崇正能量的人，可能內心充滿恐懼，而東西越少的人有時候更加固執。看起來越整齊的地方，問題也許越多，**不要只相信眼睛看到的東西，試著閉上眼睛去感受內心的聲音**。

很多的失衡與囤積藏在美麗的藉口裡，例如：把物品收納得很完美、將環境打掃得一塵不染，只要有一點不符合規定就無法安定的處在當下，這種潔癖亦是一種強迫，這樣的行爲是控制的囤積。

物品是內在延伸出去的能量，都有其固定的流動，反映著潛意識的秩序。

人生整理課是**「整齊得自在，而亂得從容」**，讓內心與外在得到平衡，讓人、物品及看不見的成爲一體。若是不願改變與付出，所有的整理也都只是一種表象。那些丟出去的東西不應該傷害地球的生態，持續追求好能量、可以賺錢的整理方式，也並不一定都是好的。

每個人都在散發自己的振動頻率，而宇宙的豐盛在你成爲自己之時開始連結。

人類的奇怪現象是期望與他人的相似程度越多越好，但願意「成爲自己」的行爲卻越來越少。當每一個人的行爲舉止、打扮、購物都像複製時，獨特的靈魂將被掩蓋。

成爲你自己，而不是成爲別人希望的你；知道並理解自己兩向的極端，然後用內在力量選擇要或不要，而不是被過去的情緒牽著走。

讓你成爲你自己，這個人生的記錄與播放就會成爲你想要的樣子。

愛得像狗，活得像貓

在我們周遭的動物，特別是貓與狗，都是人類最好的朋友。牠們與人類一起生活了好幾個世代，衆神的智慧在牠們身上依舊發光。

狗的溝通是細膩且充滿耐心，牠們對於愛的忠誠超越時間的限制；貓的魅力是活在當下且不停探索，牠們對於人生的瀟灑大過執著於過去。而人類是萬物之靈，既然是這個世界的主宰，是不是應該活得比貓狗更有責任感？

貓狗從來不怕犯錯，對於生活充滿信心與好奇，當我看著牠們的時候，也感受到神的溫柔。所以，最好的成長就是不斷嘗試，不要害怕犯錯，這樣會讓你在整理或收納的概念中，找到屬於自己的方式。而我在整理之路中也體會到，**不須有任何的收納技巧，一旦給出一個制定好的依循後，就會阻礙了你自己的天馬行空。**就像宇宙的平衡從來不是人類所想的那樣，表面上的合意或單方面的行爲都不會讓失衡消除。所有的人事物與心念都只是記錄與播放，然後回歸自身。

從你開始閱讀本書時，你就已經做出了選擇，選擇要當個參與者與書一起前行，或是當個旁觀者只是觀察，不管是哪一種都沒關係。或者，也許你想要從頭到尾看完後再找時間跟著做，這也沒問題，因爲**整理是讓自己更喜歡自己，而不是讓自己陷入另外一種規則的限制**。每個人都不同，所以才擁有獨特的人生。

「不同」不是不完美，「相同」也不是完美，日常的生活就是一種鍛鍊。

如果你需要，可以隨時重新使用這本書，讓每一次的閱讀都可以當作初次般的歸零與重新創造。因爲整理擁有無限、多元的面向，重要的不是制式的規則，而是改變思考的方式。

你的整理，拯救這個世界。

當你閱讀完這本書之後，不是來找我做個案協助，也不是找其他整理師協助，而是要找到你自己。當你願意分享自己的經驗協助別人整理時，那會是另一種不同的修行方法，是種陪伴的過程。不論你是自己整理，或是協助別人整理，都需要好好的清空自己，都需要讓自己可以更往前進。

人生的整理應該讓生活舒適且豐盛的流動，不忙碌也不辛苦；問題從來不存在，不必讓自己的執著限制了自己。放下不屬於自己的東西，放下不屬於自己的空間，並且不干涉他人的學習與成長，因爲人生中的每一個失敗都會讓自己更強大。

海寧格曾說：「我們能夠給出去的，都是我們擁有過的。」人生整理課所發生的過程都是由我自己的人生經驗累積而成，所以我是整理之路的導遊，這些經歷過的反思只是一種觀點，一種說明如何看待物品、萬事萬物及人生的方式，並不能取代你的經驗。

這個世界上從來都沒有唯一的方法，所以爭論誰對誰錯、哪個比較好其實都沒有意義，因爲每個人都是不同的，不論宗教、信仰、靈性、環保、審美觀、價值觀，包含整理及收納都是不一樣的。我們要尋找的不是唯一，而是「適合」，讓屬於你的舒適融入生活當中，不適合你的，放下就好。

眞正應該花時間在「自己去做」之上，然後回到靜默，回到神的國度。你所在的地方，都是天堂。

〈後記〉

未完待續……

這本書的寫作對我來說也是一種整理的過程，每個書寫的片段都跟當下的生活產生連結，所以如何讓自己維持在「適合」的頻率、理解更多的訊息並反芻寫下，還須涵納「文字之外」的品質，讓能量可以平衡的記錄與播放……都是我的學習。**保有空間與空閒的愼重，這樣的記錄與播放，是我對於每一個閱讀者的尊重。**

這個書寫過程也是我的人生整理課，每個細節與文字之間都讓我重新體驗整理旅程的美好。從一開始到現在，我們已經整理了哪些呢？

對於每一個參與人生整理課的同學，我都會在一開始確認以下這件事：當你決定要做這樣的整理時，需要給一個從頭到尾參與的「承諾」。很多人在整理之路上無法繼續、走不到終點，都只有一個原因：逃回舒適圈，並躲在自己的過去中。當付出的時間與沒有決定去留的物品，其能量沒有被完整珍惜時，對於整理者或協助整理者（整理師）都是一種輕蔑。這樣的態度會回到整理者的人生當中，變成囤積的能量，有一天終將需要處理。

不論是怎樣的整理方式，都是一種自己對於靈魂的承諾，任何的外力都無法改變內在，就算付錢請人直接來打掃收納，都無法取代你自己的人生。**「態度」決定一切**，本書裡有許多可以讓你思考並完成的題目，對應著自己需要去動手做的事項，這是人生整理課的回家作業。

本書收錄了我的「人生整理課，第零堂——編寫夢想藍圖」的演講內容，這一系列課程是我遇到家庭小精靈之後所感知到的訊息。我們會針對每一個物品相對應的主題做整理，每堂課都會提到每個物品對於情緒、在潛意識中的作用，接著再一起重新學習如何正確的使用每樣物品。

對我而言，人生整理課就像是一趟不斷創新、不斷靜心與沉思的旅程。太多人誤解整理是一個需要被完成的「目標」，認爲人生最重要的是結果而不是過程。

所以，你覺得達到目標重要，還是過程重要？

這本書的整理之旅已經走到了某個段落，我們一起走了一大段旅程。我們在世上做的每一件事都不是獨立完成的，而是被許許多多的生命所支持，因爲有他們的付出才有現在的我們，包含這本書。

寫作時需要電腦、鍵盤、USB、網路及電的支持，而出版需要相關的人事物，包含手機、線上軟體、開會場所、經紀人的奔波、編輯、校稿、印刷、設計、行銷等協助及時間運用，還有樹（紙）的生命及我自己的人生故事與生命經驗，最終送到書店，藉由書店人員的服務，讓大家可以購買。

這本書在送到你面前時，已經歷過千千萬萬的生靈與物品的支持，這些都是代價。

而如何讓這個代價變成這個世界的支持？就是讓這樣的整理概念可以傳播出去，並讓這本書相關的生靈得到回饋的滋養，這就是生命的循環。就像我們身後有祖先血脈的支持才得以生存，走向未來讓生活更美好就是活出前人的努力，讓知識可以變成自己的智慧。

值得慶幸的是，在我們的生活當中，已經有很多優秀的收納師、整理師、居家顧問可以讓我們學習，而如何在這些經驗中找出適合你的，也是一種過程。

歡迎與我分享你在人生整理過程中的轉變，請連繫Facebook專頁：

「文君・Miranton」 www.facebook.com/wenchun.miranton

期待未來與你再次相見，整理之路永遠都在那裡等待我們去發掘。

最後，我是文君，謝謝你看我寫的書。

〈附錄〉

相關參考資訊

◎文君在人生的整理之路上，曾受到以下老師的支持：

1 靈性思考：

・**藍慕沙啟蒙學院**（Ramtha's School of Enlightenment）

中文Facebook：www.facebook.com/ramtw2013

中文網站：www.ram-china.com

英文官方網站：www.ramtha.com

2 整理知識：

・**《怦然心動的人生整理魔法》**系列（近藤麻理惠）

・**《斷捨離》**系列（山下英子）

3 **生態共生：**

・**木之花家族**（Konohana Family）

中文Facebook：www.facebook.com/konohanaTaiwan

日文Facebook：www.facebook.com/konohanafamily

日文官方網站：www.konohana-family.org

◎**文君推薦閱讀的相關書籍：**

1 **《丟掉50樣東西，我學會勇敢》**（*Throw Out Fifty Things：Clear the Clutter, Find Your Life*）（蓋兒・布蘭克）

2 **《我決定簡單的生活：從斷捨離到極簡主義，丟東西後改變我的12件事！》**（佐佐木典士）

3 **《我的家裡空無一物》**（日本電視連續劇）

◎**文君常用的環保資訊：**

1 可善用網路查詢關鍵字，例如：零廢棄、零垃圾、環保、無包裝、裸賣、不塑、減塑、減廢、斷捨離、極簡主義、綠色生活、無痕飲食、永續、換物等，在當中可以找到更多的群體，以及已經在做這些事的人。

2 關於我們製造的垃圾數量，請搜尋「台客劇場」YouTube頻道，推薦觀看以下兩支影片：

・**便利人生** 一週累積多少垃圾？

・**愛地球人生** 一週累積多少垃圾？

國家圖書館出版品預行編目資料

真正的整理，不是丟東西：物品是靈魂的碎片，整理是重生的過程 /
廖文君作. -- 初版. -- 臺北市 : 方智，2019.09
336 面；14.8×20.8公分 --（方智好讀；123）

ISBN 978-986-175-534-2（平裝）
1. 成功法 2.人生哲學
177.2 108011265

Eurasian Publishing Group
圓神出版事業機構
用心與你對話·視野無限寬廣
方智出版社
Fine Press

www.booklife.com.tw reader@mail.eurasian.com.tw

方智好讀 123

真正的整理，不是丟東西：

物品是靈魂的碎片，整理是重生的過程

作　　者／廖文君
發 行 人／簡志忠
出 版 者／方智出版社股份有限公司
地　　址／台北市南京東路四段50號6樓之1
電　　話／（02）2579-6600 · 2579-8800 · 2570-3939
傳　　真／（02）2579-0338 · 2577-3220 · 2570-3636
總 編 輯／陳秋月
副總編輯／賴良珠
主　　編／黃淑雲
專案企畫／賴真真
責任編輯／鍾瑩貞
製　　圖／陳可寺
校　　對／鍾瑩貞 · 黃淑雲
美術編輯／林雅錚
行銷企畫／詹怡慧 · 王莉莉
印務統籌／劉鳳剛 · 高榮祥
監　　印／高榮祥
排　　版／莊寶鈴
經 銷 商／叩應股份有限公司
郵撥帳號／ 18707239
法律顧問／圓神出版事業機構法律顧問　蕭雄淋律師
印　　刷／祥峰印刷廠
2019年9月　初版
2023年6月　10刷

定價 300 元　　ISBN 978-986-175-534-2